www.gesteditions.com

CRIMES ET FAITS DIVERS DANS LA VIENNE

Xavier Benoit

CRIMES ET FAITS DIVERS DANS LA VIENNE

LA GESTE

AVANT-PROPOS

« *Une injustice où qu'elle soit est une menace pour la justice partout. Nous sommes tous inéluctablement pris dans un réseau de relations mutuelles, liés par un destin commun. Tout ce qui affecte directement quelqu'un, nous affecte tous indirectement.* »

Martin Luther King. «Lettre de la prison de Birmingham», 16 avril 1963.

Quand La Geste m'a proposé d'écrire un livre sur les faits divers, je me suis d'abord beaucoup interrogé. Pourquoi moi ? Pour qui ? Pour quoi faire ? Noyé dans le flot quotidien des informations, dont une majorité de faits divers et de compte rendus judiciaires publiés dans le quotidien *La Nouvelle République/Centre Presse* (édition de la Vienne), je ne voyais pas très bien quelle plus-value apporter à la presse quotidienne régionale (PQR).

Du recul, peut-être ! Toutes les affaires dramatiques relatées ici l'ont été dans le tourbillon des contraintes quotidiennes d'une rédaction. La « tête dans le guidon », une information chassant l'autre, il est compliqué d'avoir une vue générale sur un sujet au long cours. Ces événements ont occupé (ou occupent toujours) plusieurs journalistes (1) pendant des années. Entre la découverte d'un féminicide ou d'un homicide et son aboutissement judiciaire en cour d'assises, le temps s'étire parfois très longuement.

La prise de recul a eu un autre intérêt : l'envie d'expliquer la façon dont travaillent les journalistes et le fonctionnement de l'appareil judiciaire. Si l'armée est considérée comme «la Grande Muette», la justice a tout d'une «grande discrète» ! Il est vrai, et c'est dommage, qu'on ne s'intéresse aux hermines et aux prétoires qu'en y étant généralement contraint et forcé. Il est alors souvent trop tard pour en comprendre le fonctionnement et les enjeux. Et pourtant, comme disait Aristote, « nul n'est censé ignorer la loi ».

Pour ma part, si ce livre peut, modestement, contribuer à éclairer des zones d'ombres, ce sera un bon début ! Vous trouverez un lexique en fin d'ouvrage pour satisfaire votre curiosité.

LA PRESSE

Jamais dans l'histoire moderne, la défiance du citoyen vis-à-vis de la presse n'a été aussi grande. Le journalisme s'est-il fait assez pédagogue pour en arriver à une telle incompréhension ? Comment travaillent les journalistes ?

Derrière les « médias » dans leur globalité, et les critiques dont ils peuvent faire l'objet sur leur pouvoir réel ou supposé, il y a toujours un journaliste sur le terrain. Même s'il appartient à une rédaction, dans un titre de presse qui le rémunère, il reste libre de la manière de mener son reportage ou son compte rendu d'audience, de défendre son angle, de développer son analyse critique face à un fait d'actualité.

Un journaliste peut se tromper, mais, il n'est jamais au-dessus des lois. Il peut répondre de ses écrits face à la justice s'il ne respecte pas un certain nombre de droits et de devoirs. Ils ont été construits, au fil du temps, dans une charte de déontologie (2). Elle n'est pas parfaite. Mais elle a le mérite d'exister. Et chaque média a désormais son guide, sa propre charte, dédié au traitement des faits divers et de la justice. C'est une matière à part dans un journal. Le contenu y est souvent « sensible » et nécessite un traitement adapté et rigoureux.

Dans la « rédac » (la rédaction), le journaliste chargé de cette thématique est surnommé, sans originalité, le « fait diversier ». Le plus souvent solitaire dans sa mission et dans ses recherches, confronté à des situations inattendues, tendues, stressantes, morbides, il doit vérifier des informations qui semblent, de prime abord, invérifiables. Son quotidien est souvent occupé par des accidents de voitures, des incendies, des interpellations, des témoignages de victimes, des disparitions ou des découvertes de corps... Il lui arrive aussi d'être confronté au plus sordide, à l'ultime : la mort violente d'une femme, ou d'un homme, provoquée par un tiers.

Au-delà de la charge mentale et des images parfois difficiles dont il faut savoir s'extraire, les difficultés commencent ici, dès l'alerte donnée par une source (3) : trouver le lieu, s'y déplacer le plus rapidement possible.

Le fait diversier arrive très souvent après les secours et les forces de l'ordre. Il peut subir la mise à l'écart, parfois musclée, parce que « la presse n'a rien à faire là ». Au contraire. Avec pédagogie, il faut rappeler aux policiers, gendarmes et secouristes que le journaliste use de la liberté de la presse. Souvent malmenée en droit, l'information est un devoir sacré d'un journal envers ses lecteurs.

Un homicide, puisqu'il s'agit souvent de ça, est le plus sérieux des « troubles à l'ordre public », selon l'expression consacrée par le ministère public (le procureur de la République). Et ce trouble mérite des informations. Elles composent l'article de presse que vous découvrez dans le journal le jour même (sur Internet) ou le lendemain (sur le papier). Ces informations vérifiées sont écrites dans le respect du contradictoire, de la victime et de la présomption d'innocence de la personne mise en examen.

Mais revenons sur les lieux d'un homicide présumé.

Sur place, le plus compliqué reste à faire : le journaliste cherche, sans aucune aide extérieure que celle des témoins, des proches ou du voisinage, à comprendre les faits et leur enchaînement. Une masse d'informations (ou très peu) qu'il va ensuite confronter, vérifier auprès du procureur de la République ou de son « parquetier » de permanence. Ce n'est pas toujours aussi simple qu'un coup de fil.

Dans certaines affaires où l'enquête est toujours en cours, le magistrat attend d'abord un retour plus précis des forces de l'ordre. Dans d'autres, il confirme *a minima* ce que le journaliste a réussi à glaner. Mieux vaut alors en avoir « sous le pied » ! Et puis il y a des affaires sensibles, où le procureur de la République refuse carrément de communiquer. Au moins dans un premier temps.

Derrière un meurtre ou un assassinat, coincé derrière la rubalise installée à la hâte comme une frontière virtuelle entre l'impensable et le réel, il y a toujours au moins un journaliste. À chaque stade de l'enquête, il se renseigne et vérifie ses informations. Interpellation, garde à vue, déferrement devant le procureur, mise en examen par un juge d'instruction, placement (ou non) en détention provisoire par un juge de la liberté et de la détention (JLD) à l'issue d'un débat public ou non...

Dans certains dossiers, face au mutisme des enquêteurs et du parquet, le journaliste se contente des débats devant la chambre de l'instruction de la cour d'appel. Souvent lors d'une demande de mise en liberté. Au-delà de la décision de maintenir (ou non) la personne en détention provisoire (dans l'attente ou non d'un procès), les faits qui l'ont conduit ici sont relatés en synthèse. Les magistrats siègent chaque semaine. L'audience est publique. Mais pas toujours. On appelle alors cela un débat « en chambre du conseil ». C'est-à-dire à huis-clos. Après ce « coup de chaud » des premières semaines, le temps judiciaire suit son cours. Et il s'écoule toujours plus lentement que le temps médiatique.

Certaines affaires nécessitent des demandes d'actes complémentaires, suscitent des batailles procédurales entre avocats de la défense et des parties civiles. Le journaliste fait état des rebondissements d'une affaire comme la reconstitution d'une scène de crime (à laquelle il assiste de loin sur la voie publique, ou de très près grâce à l'aide de voisins !). La reconstitution est souvent l'une des dernières étapes avant l'audiencement du dossier en cour d'assises.

« La cour ! », tonne l'huissier au moment où rentrent les magistrats et les jurés dans une salle d'audience. Voilà enfin le procès d'assises.

C'est une immersion étonnante, dans un espace-temps inédit. Coupés du monde extérieur (les moyens de communication et de captations sont strictement interdits dans cette enceinte), les jurés, magistrats, avocats, familles de la victime et de l'accusé, témoins, enquêteurs, experts, public et journalistes sont maintenus dans une bulle pendant un temps donné. Tout dépend de l'affaire. Deux jours. Une semaine. Deux parfois. Plusieurs mois, comme pour les attentats du 13 novembre 2015, toujours en cours au moment où j'écris ces lignes.

Un procès d'assises est une mise à nu totale, intrusive, nécessaire, des faits et des personnalités. Considéré par certains comme un « déballage » impudique, le procès forge peu à peu l'impression des jurés. Ce sont de simples citoyens comme vous et moi, tirés au sort. Leur « intime conviction » guide la décision finale, au moment où ils « délibèrent » (prennent la décision) sur le verdict, la peine qui sera finalement prononcée.

Dans cette course de fond pour approcher la vérité ou ce qui semble l'être, la charge mentale est énorme, épuisante pour toutes les parties prenantes. Le journaliste transformé, le temps du procès, en chroniqueur judiciaire, n'y échappe pas. Il est témoin des débats parmi les autres, comme les autres. La seule différence se joue en fin d'audience.

Au moment où chacun rentre chez soi pour se débarrasser du lourd fardeau psychologique de la journée, le journaliste commence vraiment à travailler ! Il doit faire une synthèse quotidienne d'après ses notes d'audience. La place du procès dans le journal est comptée, il faut rendre le compte rendu intéressant et le plus fidèle possible à ce qui s'est passé. Les débats se terminent souvent tard en soirée. Et il y a l'angoissante contrainte du bouclage (le moment où l'on termine les pages pour envoi à l'impression) à prévoir. L'exercice est exigeant. Passionnant. On ne ressort jamais indemne d'un procès d'assises. Ni *a fortiori* de plusieurs.

Mais force est de reconnaître que, parmi tous les instruments inventés par l'homme pour rendre justice, cette audience si particulière est certainement l'une des plus nobles pour juger une personne dans notre démocratie. Elle consacre aussi le seul moment où le temps judiciaire s'écoule au même rythme que celui de la presse.

LA JUSTICE

Quand j'ai commencé à suivre mes premières audiences judiciaires, en correctionnelle, je ne connaissais rien. Et j'avoue avoir été impressionné par les rouages de cette « machine » assez froide et impersonnelle. Rien n'est improvisé. Tout est codifié, bordé, contrôlé. En un sens, il est rassurant de se dire que la justice rendue est la même pour tous, qu'elle répond aux mêmes règles. Mais quand ça déraille, la mécanique poursuit son cycle. Implacablement. J'ai mieux compris, à la lecture de livres traitant d'erreurs judiciaires, comment une victime peut se sentir « broyée ».

J'ai abordé le monde judiciaire comme tous les autres sujets d'actualité, avec un bon soupçon de naïveté et beaucoup de curiosité. Mais, en l'absence d'études de droit, il m'a très vite manqué « la boîte à outils » ! Il m'a fallu tout apprendre rapidement « sur le tas. » La découverte et la compréhension du « rôle » (le programme des différentes affaires de l'audience avec les faits et les noms des prévenus), la place et les missions du greffe, de l'huissier, du procureur de la République (avocat général pour les assises), des juges. Juge unique ou juges regroupés en collégiale selon la nature des faits. Les différents modes de poursuites, de comparutions. L'arsenal des peines. Leurs subtilités. Il m'a fallu apprendre le rôle de l'avocat, parfois « complice » du journaliste par sympathie ou par intérêt, voire défiant, pour protéger son client. Il m'a fallu comprendre l'organisation du « théâtre judiciaire », au fonctionnement immuable, son jargon spécifique et ses peines.

La peine, aussi et surtout celle des victimes.
Les remords ou regrets des prévenus et accusés.
Ces larmes et cris entendus à la barre et dans le box.
Les éclats de voix.
Le bruit des menottes.
Ces regards noirs.

La patience.
Le silence.
La distance nécessaire.

Il y a aussi des instants suspendus : un prévenu atypique ou rieur, le bon mot d'un juge, la colère d'un procureur, la plaidoirie touchante aux larmes…

Il arrive parfois que le journaliste renseigne des justiciables ou des victimes, perdus dans cet univers qu'ils découvrent. Il arrive aussi qu'il doive composer avec les reproches ou les intimidations de ceux qui ne veulent pas apparaître dans la presse. Mais l'audience est publique et la presse demeure libre. Et l'instance judiciaire tient à la « publicité des débats ». En clair, relaxer un citoyen ou infliger une peine comme « exemple » n'a de sens que si le plus grand nombre en est informé. Le problème, pour une justice enfermée dans les murs de sa mécanique, c'est qu'elle fait peu d'efforts pour garantir cette « publicité ». Et faciliter surtout sa compréhension.

À mes débuts, j'avais la sensation d'être face à un pouvoir régalien « à part ». Presque un état dans l'État, avec son décorum, ses codes (pourquoi les magistrats sont-ils toujours assis plus haut ? Pourquoi faut-il se lever quand ils rentrent ?) et son verbe. J'ai été rassuré fin 2021.

À l'occasion des États généraux de la justice, la première présidente de la cour d'appel de Poitiers avait sollicité *La Nouvelle République/Centre Presse* pour l'organisation d'un débat avec des citoyens choisis par nos soins. Ils ont évoqué à voix haute les impressions ressenties depuis mes premières audiences : la lenteur des procédures, le manque de pédagogie, un discours et des peines incompréhensibles du commun des justiciables. Et de toutes ces critiques, la sensation finale et désagréable de voir apparaître les magistrats comme « au-dessus » de la société civile. Ce n'est pas vrai. Ils sont comme tout le monde, mais ils cultivent une différence loin d'être anodine : ils connaissent la Loi. Ces lois qui permettent de condamner ou de relaxer (acquitter aux assises) un de leurs concitoyens. Ce pouvoir est immense mais encadré. Même s'il n'est pas toujours exempt d'approximations ou d'erreurs. *Errare humanum est*, l'erreur est humaine. Cela arrive au journaliste et peut arriver au juge. Et, à la décharge des magistrats, il faut pouvoir suivre les gonflements exponentiels des articles des différents codes. À la faveur de lois sécuritaires votées dans l'urgence d'un fait divers, par exemple, l'inventivité législative parfois déraisonnable pousse à la faute ceux qui doivent appliquer les textes.

Il n'y a pourtant pas de peine automatique. Tout au mieux une jurisprudence. Derrière ce qui peut sembler la froide application d'un article du code pénal, pour ne citer que celui-ci, il y a toujours la décision d'une femme ou d'un homme de droit. Un juge, parfois seul avec sa conscience, qui dispose du droit de dire ce qui est légalement juste ou injuste, condamnable ou non. Quand la presse, libre et indépendante, relate cette décision, parfois de façon critique, elle incarne la différence entre une démocratie et une dictature.

À vrai dire, après des milliers d'heures passées à couvrir ces audiences, j'ai l'intime conviction de ne pas (toujours) avoir perdu mon temps !

[NOTA BENE]

Un dernier mot enfin. Il me tient à cœur.

Si ce livre traite du travail de la police, de la justice, de la presse, il reflète l'organisation d'une société démocratique qui fonctionne (à peu près) bien jusqu'à présent. Ces services (aux) publics indispensables, comme le sont la santé ou l'éducation, ne sont pas à l'abri de défaillances causées par des événements extérieurs à l'organisation humaine.

« Notre maison brûle et nous regardons ailleurs». La phrase prononcée, au nom de la France, lors du IVe sommet de la Terre, c'était en 2002. Vingt ans plus tard, nous vivons les premières conséquences du dérèglement climatique : les pandémies, les canicules à répétition, les incendies, les événements météorologiques extrêmes ; les pénuries d'eau, d'alimentation, d'énergie qui en découlent, peuvent durablement désorganiser nos sociétés. Ces ruptures brutales menacent la concorde sociale.

Quel rapport avec ce livre, pensez-vous ? L'inaction climatique, ce sont des milliers de faits divers qui ont lieu désormais, chaque jour, sous nos yeux. Ils blessent et sont parfois mortels. Les journalistes, dont les faits diversiers, en sont les premiers témoins. Dans son dernier rapport d'avril 2022, le groupe d'experts intergouvernemental sur l'évolution du climat (GIEC) a rappelé, une nouvelle fois, les gouvernements du monde entier à réduire de manière drastique les émissions de gaz à effet de serre (GES) dans les trois prochaines années. Une énième alerte qui vise à éviter les effets les plus dévastateurs du changement climatique. L'humanité est la seule en capacité d'agir. Maintenant.

1. Merci au travail des confrères dont je me suis librement inspiré pour relater ces histoires avec une mention spéciale pour Emmanuel Coupaye (fait diversier en chef à la rédaction de *La Nouvelle République/Centre Presse* de Poitiers depuis seize ans!).

Mais aussi : Marie-Laure Aveline, Marie-Catherine Bernard, Sylvaine Hausseguy, Laurence Mondon-Samit, Anne-Lise Durif, Delphine Blanchard, Gaëtan Briard, Philippe Engerbeau, Pascal Denis, Raphaël Chambriard, Jérôme Hervé, Sébastien Kerouanton, Jean-Michel Gouin, Philippe Bonnet, Franck Bastard, Denys Frétier, Emmanuel Touron, Loïc Lejay, Didier Monteil, Jean-François Rullier, Vincent Buche... et tous ceux que j'ai pu oublier et qui voudront bien me pardonner.

2. La Charte de déontologie de Munich (ou déclaration des devoirs et des droits des journalistes), signée le 24 novembre 1971, est une référence européenne concernant la déontologie du journalisme.

Elle comporte dix devoirs :

- Respecter la vérité, quelles qu'en puissent être les conséquences pour lui-même, et ce, en raison du droit que le public a de connaître la vérité.
- Défendre la liberté de l'information, du commentaire et de la critique.
- Publier seulement les informations dont l'origine est connue ou les accompagner, si c'est nécessaire, des réserves qui s'imposent. Ne pas supprimer les informations essentielles et ne pas altérer les textes et ni les documents.
- Ne pas user de méthodes déloyales pour obtenir des informations, des photographies et des documents.
- S'obliger à respecter la vie privée des personnes.
- Rectifier toute information publiée qui se révèle inexacte.
- Garder le secret professionnel et ne pas divulguer la source des informations obtenues confidentiellement.
- S'interdire le plagiat, la calomnie, la diffamation, les accusations sans fondement ainsi qu'un quelconque avantage en raison de la publication ou de la suppression d'une information.
- Ne jamais confondre le métier de journaliste avec celui du publicitaire ou du propagandiste. N'accepter aucune consigne, directe ou indirecte, des annonceurs.
- Refuser toute pression et n'accepter de directives rédactionnelles que des responsables de la rédaction.

La charte comporte également cinq droits :

- Les journalistes revendiquent le libre accès à toutes les sources d'information et le droit d'enquêter librement sur tous les faits qui conditionnent la vie publique.

- Le secret des affaires publiques ou privées ne peut en ce cas être opposé au journaliste que par exception en vertu de motifs clairement exprimés : le journaliste a le droit de refuser toute subordination qui serait contraire à la ligne générale de son entreprise, telle qu'elle est déterminée par écrit dans son contrat d'engagement, de même que toute subordination qui ne serait pas clairement impliquée par cette ligne générale.
- Le journaliste ne peut être contraint à accomplir un acte professionnel ou à exprimer une opinion qui serait contraire à sa conviction ou sa conscience.
- L'équipe rédactionnelle doit être obligatoirement informée de toute décision importante de nature à affecter la vie de l'entreprise. Elle doit être au moins consultée, avant décision définitive, sur toute mesure intéressant la composition de la rédaction : embauche, licenciement, mutation et promotion de journaliste.
- En considération de sa fonction et de ses responsabilités, le journaliste a droit non seulement au bénéfice des conventions collectives, mais aussi à un contrat personnel assurant sa sécurité matérielle et morale ainsi qu'une rémunération correspondant au rôle social qui est le sien et suffisante pour garantir son indépendance économique.

3. L'article 2 de la loi de 1881, dite loi sur la « liberté de la presse », énonce dans son alinéa 1er : « Le secret des sources des journalistes est protégé dans l'exercice de leur mission d'information du public ». La Cour européenne des droits de l'homme (CEDH) consacre régulièrement dans sa jurisprudence « la protection des sources journalistiques (comme étant) l'une des pierres angulaires de la liberté de la presse » et la condition sans laquelle, faute de sources, la presse ne serait plus en mesure de fournir au public des informations sur des questions d'intérêt général.

Pour rappel, la Déclaration des droits de l'homme et du citoyen (article XI) : « La libre communication des pensées et des opinions est un des droits les plus précieux de l'Homme : tout citoyen peut donc parler, écrire, imprimer librement, sauf à répondre de l'abus de cette liberté, dans les cas déterminés par la loi. » Et l'article 34 de la Constitution de la Ve République française : « La loi fixe les règles concernant les droits civiques et les garanties fondamentales accordées aux citoyens pour l'exercice des libertés publiques ; la liberté, le pluralisme et l'indépendance des médias. »

L'entrée du foyer.

UN CRIME SANS PROCÈS

28 octobre 2017- *Poitiers (Vienne)*
« J'ai décidé de toutes les tuer »

Pas grand monde.

Il est à peine 8 h, ce samedi 28 octobre 2017, sur le marché Notre-Dame-la-Grande de Poitiers. Les clients ne se battent pas pour affronter les premières fraîcheurs de l'automne. Au milieu du ballet des camelots, on ajuste les cagettes autant qu'on jacte. Ça sent bon le fromage de chèvre et la botte de poireaux, l'insouciante créativité culinaire et le goût des autres.

Le placier est aux premières loges pour apprécier le spectacle hebdomadaire. Il connaît tous les commerçants et navigue d'un emplacement à l'autre pour encaisser le droit de place. Cela aurait dû être un samedi ordinaire. Il a pourtant une drôle d'impression. Une sensation bizarre, quasi imperceptible mais bien présente. Il tourne la tête et ne s'explique pas pourquoi son regard bute sur l'attitude d'une passante. Visage presque enfantin, vêtue d'un jean bleu clair et d'un pull à l'imprimé arc-en-ciel, c'est une jeune femme en état de sidération. Hagarde.

Mariama Sylla, 20 ans depuis quelques semaines. Désorientée au milieu de cette place à l'aspect minéral, elle se dirige vers cet inconnu comme on s'accroche à une bouée. Quelques mots hésitants, maladroits, pour décrire un acte effroyable. L'élocution est hachée, brouillonne, mais le placier comprend vite qu'un drame a eu lieu au foyer Cécile et Marie-Anne. Elle y loge avec son enfant. Ce foyer est un lieu d'accueil pour mères isolées, à une rue d'ici.

Police Secours est alertée par le placier quasiment au même moment qu'un autre appel leur parvient : celui de trois femmes, logées dans le même foyer avec leurs enfants. Depuis quelques minutes, elles font face à une vision d'horreur : l'éducatrice spécialisée chargée de leur venir en aide, Marina Fuseau, 39 ans, est morte. Elle baigne dans une mare de sang. Tuée à l'arme blanche. La scène de crime est figée par les policiers.

L'aveu

Mariama Sylla est la principale suspecte. Elle est placée en garde à vue. Des scellés sont posés sur la porte d'entrée du foyer Cécile et Marie-Anne. Poitiers découvre avec effroi le meurtre de Marina, éducatrice spécialisée, sur son lieu de travail. Dans l'atmosphère pesante de sa garde à vue, Mariama Sylla avoue son passage à l'acte. Quarante-huit heures derrières les barreaux du commissariat de police de Poitiers pour détailler l'indicible. Et assumer tout. Jusqu'à la planification des coups de couteau mortels. Dans le jargon judiciaire, cela porte un nom : « homicide volontaire avec préméditation.»

Déférée lundi 30 octobre 2017 au matin, la jeune femme est mise en examen pour cet assassinat dans l'ancien palais de justice de Poitiers. Elle risque la réclusion criminelle à perpétuité. Encadrée par deux policiers, les mains dans le dos, elle a le visage fermé à la sortie de la souricière, ce passage réservé aux personnes poursuivies. Elle est écrouée dans la foulée au centre pénitentiaire de Vivonne.

La conférence de presse du procureur de la République, Michel Garrandaux, débute à l'heure. Comme souvent après un fait divers sanglant, il donne aux journalistes certaines des informations dont il dispose. C'est la règle quand une affaire « trouble l'ordre public ». Et devient trop médiatique.

Le représentant du ministère public raconte comment Mariama Sylla, originaire de Guinée, est arrivée en France fin 2015. Elle est alors enceinte d'un petit garçon. Son intégration au foyer Cécile et Marie-Anne se passe sans encombre depuis le mois de juin 2016. C'est une mère aimante. Ses rapports avec le personnel sont bons. Mais la situation se dégrade quelques semaines avant le meurtre. « *Elle s'est repliée sur elle-même. Elle se sentait persécutée et refusait toute aide extérieure* », lance le procureur, les yeux rivés sur le procès-verbal d'audition. Silence. Le magistrat complète la mécanique de l'horreur, clinique description d'un meurtre prémédité. Il cite Mariama Sylla qui parle aux enquêteurs : « *Quand elles m'ont annoncé, le jeudi, qu'elles allaient m'enlever mon enfant, j'ai décidé de toutes les tuer.* » L'aveu est glaçant. « Toutes », ce sont les éducatrices spécialisées présentes au foyer. Mais le procureur précise qu'elle en veut surtout à Marina Fuseau.

Alors, depuis des semaines, elle planifie, prépare l'irréparable. Ce samedi 28 octobre 2017, elle sait l'éducatrice spécialisée seule à la prise de son service. Il y a des couteaux dans la cuisine commune. Elle guette son arrivée dans le bureau du foyer, vers 7 h, avant de la poignarder : quatre coups, dont un à la gorge, à l'aide de deux lames. Elle tente de tirer le corps jusqu'à la cave et de nettoyer la scène de crime avec une serviette. Tentative vaine et désespérée de dissimuler la vérité. Puis, c'est la fuite sans issue jusqu'à la place Notre-Dame. Et ses aveux au placier. Aux enquêteurs, Mariama Sylla explique être habitée par des voix. Elle est persuadée que les salariées du foyer veulent tuer son enfant. Ces voix irrationnelles préviennent qu'elles vont contaminer l'enfant avec le virus du sida ou l'enfermer dans le sèche-linge… Plus tard, la presse apprendra qu'elle a passé un an en psychiatrie dans l'unité pour malades difficiles de Cadillac (Gironde).

Le signalement

Dès le lendemain du meurtre, le journal *La Nouvelle République* publie une information troublante. Une semaine avant les faits, la jeune maman a été informée du risque de retrait de son enfant. C'est la conséquence d'un signalement à la justice de l'Aide sociale à l'enfance (ASE). Les éducateurs spécialisés du foyer Cécile et Marie-Anne[1] qui en ont la

1. Crée fin septembre 2001 par l'association diocésaine Famille santé (Adifas-Epheta) mais dépendant des subsides du Département, le foyer Cécile et Marie-Anne est une résidence pour femmes en détresse qui compte, à l'époque des faits, six studios équipés d'un coin cuisine, d'une douche et de sanitaires, aménagés dans d'anciennes écuries. Il doit son nom, « Cécile et Marie-Anne » aux deux femmes qui ont contribué à sa réalisation : Marie-Anne Dujardin, ex-conseillère municipale chargée de la petite enfance et Cécile Thoumin, ex-responsable des familles au sein du diocèse. Initialement pensé pour accueillir les « femmes que leur grossesse mettait en état de détresse » ou les victimes de violences sexuelles. Le foyer s'est ensuite ouvert aux femmes subissant des problématiques tout aussi contemporaines, telles les mères isolées victimes d'un parcours migratoire. C'était le cas de Mariama Sylla. Conçu pour être une halte bienveillante et familiale, le foyer n'enregistrait que des compliments jusqu'au drame. Il a rouvert ses portes deux ans après le meurtre, à la suite de travaux.

charge pointent son « instabilité » voire « la mise en danger » supposée de son fils.

Un début de polémique s'amorce entre le Département de la Vienne (dont dépend l'ASE) et le parquet de Poitiers. Pourquoi le juge a-t-il maintenu cette femme et son fils dans le foyer s'il existe un risque ?

« *Le signalement effectué était le signe du risque extrême qui pesait* », s'étonne Bruno Belin, président du Département de la Vienne.

Le procureur démine : « *Dans ce signalement, il n'était pas fait mention d'une agressivité, il n'y avait aucun élément indiquant un danger de la maman sur son enfant.* »

Le patron du Département de la Vienne rectifie aussitôt par voie de presse : « *Au regard des éléments dont nous avons connaissance, nous pouvons affirmer que toute la chaîne de décisions entre les services de l'Aide sociale à l'enfance et de la justice a bien fonctionné. Seule la folie a pris le dessus sur la raison.* »

« Une battante »

Colette et Patrick Fuseau, les parents de Marina, sont loin de France au moment où ils apprennent la mort de leur fille. Ils rendent visite à leur fils qui vit en Martinique.

Le meurtre a des résonances immédiates dans l'arc antillais *via* les réseaux sociaux.

Dans la Vienne, bien sûr.

Et en Charente, aussi.

« *Les parents de Marina habitent dans une impasse où tous les voisins sont très soudés. Depuis qu'ils sont rentrés, nous sommes très présents autour d'eux* », confirme Michel Buisson, maire de Brie, un village de quatre mille cinq cents âmes au nord-est d'Angoulême.

Leur fille Marina vivait depuis 1998 à Poitiers. Elle y avait suivi toute sa formation jusqu'à l'obtention de son diplôme, en 2007. La trentenaire respirait la joie de vivre et vivait dans l'amour de l'autre. Elle adorait son travail et partageait la même passion avec son compagnon, père de ses deux enfants, lui-même éducateur spécialisé. « *C'était une battante, à l'écoute des gens. Dans son boulot, elle était engagée, courageuse* », confirme un ami d'enfance lors d'une marche silencieuse organisée en février 2018, à Poitiers, pour réclamer « Justice pour Marina ». « *Un maître-mot la guidait: aider les autres, les faibles, les fragiles, les handicapés, les malheureux. On pressentait très tôt sa vocation à aider les autres. Elle était déterminée et enjouée.* »

Le jour des obsèques, le 4 novembre 2017, l'église protestante baptiste de Poitiers est pleine à craquer. La famille est croyante. Le frère de Marina, Aurélien, pasteur à l'Assemblée de Dieu Antilles Guyane, met des mots sur l'inconcevable en s'appuyant sur la foi : « *Marina est partie en paix. Il y a un an, elle avait vraiment été touchée par Jésus. Sa vie avait changé. Au printemps, elle s'était fait baptiser. Je sais qu'elle est sauvée.Elle est vivante pour l'éternité. Satan a pris son corps mais pas son âme. Dieu n'a rien à voir avec ce qui s'est passé. Mariama Sylla a été prise de je ne sais quelle idée de tuer ma sœur; elle était libre de faire le bien ou de faire le mal.* »

La colère

La folie suffit-elle à expliquer le meurtre de Marina Fuseau ? À Poitiers, tout le monde se pose la question. L'émotion est vive. La classe politique locale s'émeut. Le maire de Poitiers, Alain Claeys, se dit « *atterré par cet homicide* ». Fait rare, les quatre députés marcheurs de la Vienne, Jean-Michel Clément (formation politique qu'il a quittée depuis), Jacques Savatier, Sacha Houlié et Nicolas Turquois signent un communiqué de presse commun. Ils veulent « *tirer tous les enseignements pour éviter qu'un tel drame ne se reproduise.* » Mais les éducateurs spécialisés, les« éducspé », comme on dit dans le milieu social, ont tiré depuis longtemps les « *enseignements d'un tel drame.* » Peu considérés, souffrant d'un manque de moyens chronique, mal rémunérés, ils sont traumatisés par le meurtre de Marina Fuseau. On ne vient pas au travail pour y perdre la vie.

Le 11 novembre 2017, ils sont quatre cents, proches et collègues, une rose blanche à la main, à participer au rassemblement silencieux. C'est une manifestation inédite, à la hauteur de l'émotion provoquée par l'assassinat. La pluie accompagne comme une larme cette marche d'un collectif orphelin d'une sœur de cœur. « *Pour que Marina ne soit pas morte en vain* », entend-t-on dans le cortège.

« *Nous n'avons pas l'habitude de parler de nous, plutôt de ceux que nous aidons. Mais perdre sa vie au travail, ce n'est pas possible* », s'indigne un « éducspé » sous couvert d'anonymat.

« *Notre travail se dégrade parce qu'il est fait à moyens constants, sans remplacement de postes pour des formations ou des départs en retraite. Aujourd'hui, on est de plus en plus dans une logique d'entreprise* », estime une amie de Marina Fuseau.

Sa voisine a les dents serrés : « *Marina me parlait de la situation qui se dégradait au fur et à mesure et de la violence sous-jacente.* »

Illustration de ce malaise, dans les semaines qui suivent le drame, toutes les éducatrices spécialisées du foyer Cécile et Marie-Anne démissionnent.

« *On avait donné l'alerte du danger évident de cette situation mais il ne s'est rien passé, rien n'a bougé. Ce n'est pas son fils qu'il fallait prendre en charge, c'était elle...* »

Dommage collatéral

L'émotion des camarades de Marina Fuseau se mêle à une incompréhension plus étonnante d'une autre communauté. Celle des Guinéens de Poitiers. Il s'agit de la plus grande communauté africaine présente dans l'ancienne capitale du Poitou-Charentes. Ils vivent les réactions provoquées par ce meurtre comme une stigmatisation.

« *C'est la première fois qu'on entend dire qu'une femme guinéenne a tué quelqu'un à Poitiers* », soupire Adama Keita, présidente de l'association des Guinéens de Poitiers.

Son secrétaire, Bafodé Diaby, encaisse mal :« *J'ai reçu une vingtaine d'appels pour savoir qui était cette fille. Tout le monde est sous le choc. On le vit très difficilement.*

Comme on dit chez nous : « Une pomme de terre gâtée peut pourrir le reste du sac. »

La métaphore a valeur de crainte. La peur de voir rejaillir sur cette communauté innocente un comportement déviant. « *Le mot Guinée choque. Ici, on connaît tout le monde mais pas cette femme. On veut savoir de quelle province elle est originaire. Quelle langue elle parle.* » Vu de France, la Guinée n'est qu'un nom de pays générique. Mais pour les Guinéens, il s'agit de quatre régions bien distinctes : la Guinée-Conakry (dont la très grande majorité des Guinéens de Poitiers sont originaires), la Guinée équatoriale, la Guinée-Bissau et la Nouvelle-Guinée.

Deux semaines plus tard, le parquet de Poitiers confirme que Mariama Sylla est originaire de Guinée-Conakry, où elle voulait retourner. Elle dispose d'un titre de séjour régulier.

À Poitiers, personne ne la connaissait.

« Justice pour Marina »

Dans leur maison charentaise, ils attendent « Justice pour Marina. »

En ce début d'année 2018, deux mois après le meurtre, Colette et Patrick Fuseau, les parents de Marina, réclament un procès. Ils veulent comprendre pourquoi « cette gamine » de 20 ans a froidement assassiné leur fille. La regarder en face. Lui faire éprouver l'incommensurable chagrin qu'ils porteront à jamais. Mais ils doutent de la justice. Fin 2017, une première expertise psychiatrique de Mariama Sylla a conclu à l'abolition de son discernement au moment du meurtre. En clair, elle ne serait pas pénalement responsable de son acte. Ce n'est pas bon signe pour la tenue d'un procès.

Dans les colonnes de *Charente Libre* et de *La Nouvelle Republique/ Centre Presse*, les parents de Marina Fuseau expriment leur douleur. Nous sommes au lendemain de la reconstitution du meurtre, organisée, le 25 janvier 2018, au foyer Cécile et Marie-Anne : « *Imaginer qu'il n'y ait pas de procès, que cette affaire soit oubliée, que la justice ne passe pas, est pour nous intolérable* », tonne Patrick Fuseau. Avec sa femme Colette, leurs fils Aurélien et le compagnon de Marina, Christophe, ils soulèvent des questions déjà posées par les travailleurs sociaux : l'effectif était-il suffisant ? Et cette alerte à la justice sur la dangerosité supposée de Mariama Sylla, a-t-elle été réellement prise en compte ?

Visage fermé, face à une photo de leur fille posée sur la table de cuisine, ces parents meurtris fixent le journaliste de *Charente Libre* : « *On veut savoir si toutes les précautions ont été prises, s'il était normal que Marina soit seule ce matin-là ? Est-il normal que cette femme ait réintégré le foyer après une hospitalisation psychiatrique ?* » Rongés par une détresse infinie, démunis, ils en viennent même à s'interroger sur leur « responsabilité » : « *Elle nous avait dit que cette femme avait menacé de la tuer. Elle avait envisagé de déposer une main courante au commissariat. Mais elle avait préféré protéger cette maman. On se dit qu'on aurait pu faire quelque chose, alerter...* »

Face à face

Il fait froid ce 22 janvier 2019 dans la salle des pas perdus du palais de justice de Poitiers. L'immense espace est lové dans l'ancienne résidence des comtes de Poitou et ducs d'Aquitaine. Plus d'un an et demi après le meurtre de leur fille Marina, Colette et Patrick Fuseau patientent à l'entrée d'un couloir.

L'accès mène à la chambre de l'instruction de la cour d'appel de Poitiers. C'est une petite salle sans âme, habitée de bancs en bois inconfortables. On y pénètre en passant devant des geôles grises. Deux fauteuils défraîchis aux ressorts fatigués illustrent autant le poids de milliers de postérieurs d'avocats que le manque de moyens de la justice. Habituellement, les détenus ont à peine le temps d'apprécier la pauvreté mobilière de cette « chambre » lorsqu'ils demandent leur mise en liberté. Ce n'est pas le propos aujourd'hui. L'audience revêt un caractère particulier. Les magistrats débattent de la responsabilité pénale de Mariama Sylla. L'accusée du meurtre de Marina Fuseau, le 28 octobre 2017 à Poitiers, était-elle irresponsable au moment de son passage à l'acte ? Faut-il la renvoyer, ou non, devant la cour d'assises de la Vienne ?

Les parents de Marina Fuseau ne le savent pas encore. Mais à l'issue des cent vingt minutes d'une audience éprouvante, ils n'auront droit qu'à cette unique confrontation avec l'assassin de leur fille. Depuis le drame, deux autres expertises ont conclu à l'irresponsabilité pénale de l'accusée. Trois expertises ont conclu à l'irresponsabilité.

Malgré tout, Mariama Sylla assume son acte avec un détachement glaçant dans la salle d'audience : « *C'est le bonheur de l'avoir fait pour moi et pour mon fils. J'ai sauvé mon fils, j'ai la paix en moi. La seule chose qui me tracasse, c'est d'être éloignée de lui.* » Froidement, elle assume sa culpabilité. Sans émotion. Aucune empathie.

L'un des trois psychiatres, le docteur Alix, décrypte aux magistrats les ressorts de sa mécanique mentale : « *Elle raisonne… mais sur des bases qui sont fausses. Elle nie sa pathologie, elle est dans une attitude de légitime défense. Tout est structuré chez elle, mais faux et rigidifié, il n'y a pas de remise en cause, elle a une certitude inébranlable d'avoir raison et de devoir agir. Elle sait qu'on ne tue pas… sauf son bourreau!*»

Les réquisitions de l'avocat général sont motivées par ces expertises psychiatriques. Il propose de reconnaître Mariama Sylla irresponsable et de l'envoyer vers une structure médicale spécialisée.

Les proches de Marina Fuseau sont sonnés. Dans le cliquetis des menottes, l'escorte pénitentiaire entame l'extraction de l'accusée vers le centre pénitentiaire.

Colette Fuseau se faufile dans l'étroit couloir pour faire face à la meurtrière. Elle tient une photo de sa fille en main. Bouclier d'amour projeté comme un étendard au visage de Mariama Sylla. Un geste ultime pour enjoindre à cette jeune mère d'éprouver la perte de son enfant.

Le face-à-face dure quelques secondes. Mariama Sylla ne prononce qu'une phrase à cette maman éplorée. Une sinistre justification balancée comme un coup de poignard: «*Elle voulait tuer mon fils!*»

Irresponsable

Double peine pour les proches de Marina Fuseau.

Une semaine après cette audience, les magistrats de la chambre de l'instruction de la cour d'appel de Poitiers reconnaissent Mariama Sylla coupable de l'assassinat de Marina Fuseau. Mais ils estiment qu'elle était irresponsable lors du passage à l'acte. Les juges ordonnent sa sortie de prison. Ils décrètent une hospitalisation complète. C'est-à-dire en milieu fermé et pour une durée laissée à l'appréciation du corps médical. Seule concession obtenue auprès du parquet par l'avocate de la famille, Me Arbellot de Rouffignac: prévenir les proches quand les soins seront levés. La cour d'appel ajoute deux contraintes: l'interdiction d'entrer en contact avec les parties civiles pendant une durée de quinze ans et de se rendre dans la Vienne pendant la même durée. Ironie de l'histoire, le petit garçon de Mariama Sylla est placé, depuis les faits, sous la responsabilité de l'Aide sociale à l'enfance… de la Vienne.

La famille et les proches de Marina Fuseau ne sont pas présents pour écouter la décision judiciaire. Ils sont « dégoûtés. »

« *On doute de son irresponsabilité* », enrageaient-ils une semaine avant, à l'issue du face-à-face avec la meurtrière de leur fille. À la perte brutale d'une fille, d'une compagne, d'une amie s'ajoute l'incompréhension d'une irresponsabilité empêchant un procès d'assises. Ni condamnation. Ni réparation. La lente et délicate mécanique du deuil, souvent entamée à l'issue d'un procès, est impossible.

Difficilement acceptable pour le commun des justiciables, cette décision n'est pas farfelue dans l'univers du glaive et de la balance. Elle répond à une formule bien connue dans la magistrature : « *On ne juge pas le fou.* » Le code pénal fait appel à la capacité d'experts psychiatres à juger si un discernement est altéré ou aboli, au moment d'un passage à l'acte. Dans le cas de Mariama Sylla, les trois experts ont estimé qu'il était bel et bien aboli. Le meurtre de Marina Fuseau restera à jamais un crime sans procès pénal. Mais peut-être pas sans conséquence au civil.

En avril 2019, Christophe, le compagnon de Marina, a déposé une requête devant le pôle social (ancien tribunal des affaires de sécurité sociale, TASS) du tribunal judiciaire de Poitiers. Il voulait faire reconnaître une « faute inexcusable de l'employeur », l'Adifas Poitou. L'instruction de cette demande est toujours en cours.

Le souvenir de Marina Fuseau reste vif dans la Vienne. Quatre ans après son décès, le lundi 23 août 2021, une stèle à son nom a été dévoilée à Migné-Auxances. C'était au sein de l'institution de Salvert, qui l'employait. Une plaque dévoilée à proximité d'un cèdre déjà planté en sa mémoire quelques mois auparavant. Les deux neveux de Marina, Andrea et Ruben, ont dévoilé cette plaque en présence des parents de Marina, Colette et Patrick Fuseau, de son frère Aurélien, pasteur, de sa belle-sœur Catherine, de nombreux membres de l'association gestionnaire de l'institution.

Lors de cette cérémonie, il y avait aussi des représentants des travailleurs sociaux, le sénateur Bruno Belin, la députée Françoise Ballet-Blu, le président du conseil départemental Alain Pichon, la maire de Migné-Auxances et présidente de Grand-Poitiers, Florence Jardin, et la maire de Poitiers, Léonore Moncond'huy. En prenant la parole, en quelques mots, le frère de Marina, Aurélien, a synthétisé le difficile chemin de résilience :

> « *J'ai cru ne jamais me remettre de cette séparation.*
> *Ce drame m'a vraiment ruiné, ce drame m'a brisé.*
> *Ma foi m'a été d'un grand secours...* »

L'ancien palais de justice de Poitiers.

ÉTRANGLÉE

21 septembre 2017 - *Marnay (Vienne)*
« Se tuer ou tuer l'autre… »

C'est un petit mot tendre.

Comme tous les amoureux savent en laisser.
Le cœur étreint d'amour pour l'autre.
L'espoir d'une éternité de passion.
Combustible d'une flamme infinie de confiance en l'autre.

« *Mon amour, aujourd'hui 6 ans et 9 mois que notre vie a commencé. […] Aujourd'hui nous sommes parents de deux petites filles. Et fières d'elles, elles font notre bonheur chaque jour. Tellement heureux d'être avec toi aujourd'hui, tu es tout pour moi. Tu combles ma vie de jour en jour […] Je ne vois que toi à mes côtés jusqu'à la fin de mes jours.* »

Ce petit mot, posté sur les réseaux sociaux, est celui de Renaud Pré, 29 ans. Au moment où il le rédige, la vie de ce chauffeur routier n'a pas encore basculé. Nous sommes huit mois avant la découverte du corps sans vie de Lauren Marszan, une jeune mère de famille de 24 ans. L'amour de sa vie, donc. La mère de ses deux enfants. Deux petites princesses, âgées d'un an et demi et quatre ans.

Tout semble se passer à merveille pour ce couple amoureux, installé dans un pavillon social en bardage bois. C'est un lotissement, niché dans un vallon, à l'entrée de Marnay, dans la Vienne. Les jouets d'enfants traînent dehors. On a oublié de ranger le tuyau d'arrosage. Signe d'un quotidien aussi banal qu'un bonheur simple.

Un noeud autour du cou

Quelque chose cloche dans la torpeur de cette cité dortoir ce 21 septembre 2017. Les allées et venues des gendarmes troublent le voisinage depuis le matin. La rubalise jaune délimite un périmètre d'intervention autour de la maison du couple, installé depuis un an dans la commune. Très vite, le bouche à oreille fait son office dans la population. Le corps sans vie de Lauren Marszan a été découvert dans la maison familiale.

« *Il est 13 h 50 lorsqu'on découvre Lauren Marszan gisant sur son lit, allongée sur le dos. La porte et les volets sont fermés, la lumière éteinte, inscrit l'officier de police judiciaire dans son carnet de notes. Il s'agit d'une affaire criminelle : la jeune femme porte un lien autour du cou, enroulé trois fois autour de sa gorge, et chaque tour est renforcé d'un nœud* ».

L'autopsie confirmera plus tard une « *mort par asphyxie, mécanique ou avec l'intervention d'un tiers.* »

La stupeur gagne le village de sept cents âmes.

« *C'est horrible, je les voyais tous les jours avec les deux petites filles. Ils avaient l'air heureux, témoigne une voisine au journaliste de* La Nouvelle République/Centre Presse. *Je pense aux fillettes, quel drame… Elle était gentille Lauren, une jolie fille. Elle avait fait des remplacements dans une grande surface de Saint-Benoît. On est tous brassés…* »

Au moment où cette voisine se confie, Renaud Pré a déjà poussé la porte de la brigade de gendarmerie de Saint-Maixent-l'Ecole (Deux-Sèvres), la veille. À 12 h 10, exactement. Il avoue être à l'origine de la mort de Lauren Marszan. Épilogue d'une courte fuite du domicile qu'il savait lui-même sans issue.

« *Il pleurait beaucoup, il était triste, dans le déni, abattu,* se souvient un militaire, étonné de voir débarquer cet homme*. Il n'arrêtait pas de répéter : « Comment ai-je pu en arriver* là ? ».

« Tu m'aimes toujours ? »

Les gendarmes ne tardent pas à dérouler l'histoire d'un couple qui battait de l'aile depuis l'arrivée du deuxième enfant. Sept ans de vie commune.

Lauren Marszan et Renaud Pré s'étaient rencontrés en discothèque. Un premier grand amour de jeunesse avec ce que cela suppose de compromis. Puis le grand tourbillon de la vie active. Lassitude et routine. Un homme devenu casanier. Et cette herbe devenue plus verte ailleurs pour Lauren, en cette fin août 2017. C'était un collègue de travail au magasin Grand Frais, à Saint-Benoît. Un flirt, quelques baisers. Ou peut-être plus, d'ailleurs. Une chambre d'hôtel à Poitiers Sud quand ils avaient froid. L'envie de vivre autre chose.

Lauren Marszan quitte la maison en bois de Marnay avec ses deux filles. Le temps de faire le point chez sa mère pendant trois jours et deux nuits. Nous sommes deux semaines avant le meurtre. Renaud Pré ne supporte pas. Seul, triste, il tente de mettre fin à ses jours en gare de Poitiers. Deux heures durant à attendre de se jeter sous les roues d'un train qui n'est jamais venu. Il avait aussi préparé une corde chez lui. Un chantage affectif? Lauren revient. Par respect pour le père de ses enfants. Mais elle n'y croit plus. Renaud Pré a le sentiment que l'amour de sa vie lui échappe. Il discute longuement avec elle la veille du drame. Ils se couchent ensemble. Un mois et demi qu'ils n'ont plus de rapports affectifs ni sexuels.

Renaud Pré se réveille en sursaut vers 5 h 30. Il se tourne vers Lauren. Elle dort en chien de fusil.

— « *Tu m'aimes toujours ?* »

Dans le noir de cette chambre, en proie à ses démons, il croit déceler une absence de réponse dans son regard. Parce qu'elle dort, visiblement. Logiquement. Et pourtant…

« *Ce regard vide serait l'élément déclencheur* », explique l'adjudant-chef Frédéric Lafuente, directeur d'enquête à la brigade de recherches (BR) de Poitiers.

Renaud Pré la tourne sur le dos, monte à califourchon sur elle. Ses bras sont bloqués. Il serre la gorge de Lauren de sa main droite jusqu'à sa perte de conscience. Puis, il saisi une ceinture de peignoir blanche à liseret noir, posée près du lit. Trois tours… et trois nœuds autour de la gorge. Un geste qu'il n'explique pas. Un coussin tombe sur le visage de Lauren Marszan. Renaud Pré ne l'enlève pas. Comme pour ne pas voir ce qui vient de se passer.

Il prend une douche et réveille ses filles. Ses princesses ne se doutent pas que leur maman vient de mourir. Renaud Pré part chez son père dans les Deux-Sèvres. Il lui dépose ses filles avant de se constituer prisonnier chez les gendarmes. Renaud Pré est placé en garde à vue. L'enquête est confiée à la brigade de gendarmerie de Vivonne et à la brigade de recherches (BR) de Poitiers. Rapidement déféré devant le procureur, le conjoint de Lauren Marszan est mis en examen pour homicide volontaire aggravé.

« *La victime a été étranglée dans la nuit lors d'une dispute conjugale,* précise le parquet de Poitiers. *Il avait peur qu'elle ne s'en aille, il craignait qu'elle ne le quitte.* »

Renaud Pré est extrait du centre pénitentiaire Poitiers-Vivonne le 16 novembre 2018. Il doit assister à la reconstitution organisée dans le pavillon familial, à Marnay. Un rendez-vous qui apporte peu de faits nouveaux. D'ailleurs, le seul enjeu pour l'avocate de la famille de la victime, Me Anne-Sophie Arbellot de Rouffignac, est de savoir si Renaud Pré acceptera de refaire le geste d'étranglement. Notamment avec cette ceinture de robe de chambre qui aurait servi à l'acte mortel. Il assure toujours l'avoir tuée à mains nues.

« *Il aime cette femme. Je ne sais pas s'il sera capable de faire ce geste-là,* s'interroge quelques heures avant le bâtonnier niortais Pascal Munoz. Il défend le jeune homme placé en détention provisoire depuis septembre 2017. Pour l'avocat, cela ne fait aucun doute, son client était hanté par une perspective de séparation insupportable à ses yeux : « *C'est un vrai crime passionnel.* »

Un accusé « non violent » ?

Trois ans jour pour jour après la mort par strangulation de Lauren Marszan, c'est l'heure du procès. Renaud Pré se présente devant la cour d'assises de la Vienne, ce 21 septembre 2020. Tête basse et regard vide, il fait face à huit jurés populaires et au regard bleu acier et vengeur du père adoptif de Lauren, Juan Marszan. Dans la salle d'audience planent aussi les visages de ses deux filles. Orphelines, désormais.

D'emblée, l'accusé se dénigre, mal dans sa défense d'un geste qu'il n'assume pas. En cette première journée de débats, l'atmosphère est parfois pesante, entre déballages familiaux sur l'alcoolisme réel des uns et maltraitance supposée des autres. La présidente de la cour d'assises, Marie-Noëlle Billaud, recadre sur la personnalité de l'accusé. Ce sera la ligne de conduite pour ce procès. Et l'ancien chauffeur routier ne l'aide pas beaucoup. Bien sûr, il y a cet acte de contrition important entendu dès le début de l'audience : « *Beaucoup de familles ont souffert et vont souffrir encore. Je suis désolé, sincèrement...* », déclare spontanément Renaud Pré, cadet d'une famille recomposée de cinq enfants.

La magistrate veut cerner ses qualités et ses défauts.

« *C'est difficile à dire... Aimant... Mais je suis aussi possessif, jaloux et désagréable...* »

« *Et sur votre parcours de vie ?* », relance la présidente.
« *Je ne sais pas... J'avais pas trop mal évolué. J'étais le plus heureux des pères avec deux enfants magnifiques...* »

L'accusé revendique une « remise en question totale » depuis son incarcération il y a trois ans. Sans pour autant parvenir à mettre des mots dessus.

Celui très souvent décrit comme « pacifiste et non violent » ne s'explique pas comment il a pu donner la mort à l'amour de sa vie. L'éducatrice spécialisée qui a réalisé son enquête de personnalité a pourtant un début d'explication : « *La violence jalonne son parcours de vie et il la minimise.* » Une violence dont il a été le témoin dans le cercle familial sur ses demi-frères. Même si lui admet avoir été le « chouchou » du papa.

La présidente insiste : « *Cette violence, pourquoi vous n'en parlez pas ?* »

« *Je suis passé par-dessus tout ça il y a très longtemps. Je ne peux pas expliquer l'inexplicable. Il y a des choses que je ne comprends pas…* »

La cour d'assises compte sur les proches de l'accusé et de la victime pour l'aider à comprendre. Tour à tour, les proches déposent à la barre. Comme dans n'importe quel procès d'assises, ils jurent, sous serment, de « *parler sans haine et sans crainte, de dire toute la vérité, rien que la vérité.* »

Mais quelle vérité peut-elle permettre de cerner l'acte de Renaud Pré ?

Camille Marszan, la sœur de la victime, n'est d'aucun secours dans cette recherche : « *Je ne comprends pas ce qui s'est passé. Il n'a jamais montré de signes de violence. Je craignais plus un suicide, plutôt qu'il s'en prenne à ma sœur. Il l'aimait plus que tout. Oui, il pouvait être possessif. Ma sœur ne pouvait pas sortir en jupe. Au moment où j'ai appris le drame, j'ai quitté mon copain, j'avais trop peur.* »

Visage marqué par la vie et le poids de la tristesse, Juan Marszan s'avance. Le père adoptif de Lauren ravale une colère froide : « *Lauren, je l'ai reconnue comme père adoptif. Je lui ai donné mon nom, elle est là,* lance-t-il aux jurés. Il retrousse sa manche pour montrer une cerise tatouée sur son bras. Symbole indélébile de l'amour pour sa fille. « *Il manque un morceau de sa chair à mon ex-femme. Putain, quel gâchis…* »

La mère de Renaud Pré, Françoise Métayer, n'est pas présente à l'audience. La présidente lit une synthèse de ses propos recueillis lors de son audition : « *C'était un garçon peace and love, il détestait la violence, les armes et tous les conflits.* » Un profil confirmé par Khei Ra Zaoui, demi-sœur de l'accusé : « *Mon frère est un bon garçon, un bon papa, généreux et gentil. C'était un couple comme Monsieur et Madame Tout-le-monde.* »

Même son de cloche de Michaël (demi-frère de l'accusé) : « *J'ai été très surpris de ce qui s'est passé. C'est un très bon garçon. Au départ, j'ai cru à un cauchemar. Je pense à une bouffée délirante pour l'expliquer. Quelque chose a poussé Renaud à passer à l'acte, lâche-t-il en laissant planer un doute. Mais il est possible qu'il puisse se laisser submerger par ses émotions…* »

Le papa de Renaud, c'est Bertrand Pré. Lui non plus ne comprend pas : « *Pour moi, leur vie de couple se passait bien. C'est un passif, je l'ai jamais vu se battre. Je n'aurai jamais de réponse. On reste dans une relation père et fils mais on ne parle pas de l'affaire.* »

Le passage à l'acte meurtrier de Renaud Pré surprend aussi sa sœur, Marina Pré. Elle est très affectée. Lauren était, plus que sa belle-soeur, une amie : « *Lauren était une jeune femme respectueuse. Je l'appréciais beaucoup, nous avons été voisines. Elle m'a beaucoup soutenue. J'étais proche du couple en lui-même. Je ne comprends pas ce qui s'est passé. Je suis surprise : je ne connaissais pas mon frère comme ça. Lauren ne méritait pas ce genre de choses.* »

Seule Isabelle Estanol, maman de Lauren Marszan, était au courant d'un passage à vide dans le pavillon de Marnay : « *Je savais qu'ils avaient des difficultés dans leur vie de couple. C'était leur premier amour, c'était normal au bout de sept ans ! J'ai dit à Renaud : je pense qu'elle n'a pas vécu sa jeunesse, elle reviendra. Je lui avais proposé ma maison. Aujourd'hui, ce que je veux lui faire comprendre, c'est qu'il a détruit tout le monde...* » Mue par sa souffrance, elle pivote en pleurs, cherchant le regard de Renaud Pré : « *Tu as détruit nos familles, tes enfants et les amis de Lauren...* » L'accusé baisse la tête. C'est elle qui a la dure tâche de poursuivre l'éducation des deux filles de Renaud Pré. Sans Lauren, tuée par leur père. Et sans réponse à cet acte, trois ans après.

« *Je discutais avec lui comme si c'était mon fils. Ma maison était ouverte. Pourquoi il n'a pas appelé ? Il aurait pu éviter ça... Je ne peux pas faire mon deuil...* »

L'amour jusqu'à l'emprise

La journée d'audience est éprouvante. Les photos de la médecin légiste défilent sur le mur blanc.

« *La strangulation est le 3e type de mode opératoire dans les violences conjugales* », détaille le docteur Alexia Delbreil, d'une voix clinique. « *Avant la mort par asphyxie vient l'inconscience.* »

Renaud Pré baisse la tête. Il ne veut pas voir. Alors la présidente, Marie- Noëlle Billaud, lui donne à entendre les témoignages des proches. Des amies du couple. Elle veut savoir qui il est. Le pousser dans ses retranchements.

Une voisine du couple : « *Il ne voulait pas que Lauren travaille. Il était un peu macho. Il voyait qu'elle s'éloignait et il me demandait comment la reconquérir.* »

L'éloignement de Lauren avait le visage d'un autre homme. Le collègue du magasin *Grand Frais* dont elle était amoureuse. Absent de l'audience, il avait confirmé l'histoire d'amour avec Lauren, lors de son audition devant les gendarmes : « *Elle m'envoyait une vingtaine de messages par jour. Elle était très amoureuse de moi. L'attirance était réciproque...* » L'emprise de Renaud Pré sur la vie de Lauren ne faisait que renforcer son attrait pour une autre histoire. Pauline, une amie du couple, confirme : « *Il était très possessif, elle avait le droit de faire très peu de choses. Il a toujours eu des mots blessants à son égard. Il était totalement jaloux, elle était sa chose !* » Pour la première fois depuis le début du procès, Renaud Pré s'agite dans le box.

Le portrait dépeint ne lui convient pas. Yeux levés au ciel, soupirs dans le masque (nous sommes entre deux confinements de la pandémie de Covid-19), il s'entretient discrètement avec son avocat, Me Pascal Munoz, pour faire cesser le tir. Pauline poursuit : « *Renaud, je le voyais comme un « padré ». Il avait toujours un mot pour la dénigrer.* » Et voilà Cassandre, une autre amie du couple : « *Jaloux ? Oui, elle n'avait pas le droit de s'habiller comme elle voulait, c'est lui qui décidait !* » L'accusé encaisse. Mais ce n'est pas fini.

Il n'a pas encore entendu l'expertise psychiatrique du docteur Jean-Jacques Dumond : « *Il a une dimension très narcissique : « Je ne peux pas vivre sans elle, je ne peux pas la perdre. » Il est tellement dans ce désir d'être amoureux qu'il n'a pas de recul.* »

La psychologue Chantal Magnant enfonce le clou : « *Pour lui, toute séparation ne peut être que mortelle, mortifère. Il aurait pu aussi bien se tuer que tuer l'autre. C'était elle ou lui.* » L'experte évoque un homme d'une très grande fragilité, « *sans réflexion, sans capacité à assumer une dimension dépressive* », avec une intelligence affective « *digne d'un enfant de 3 ans.* »

La coupe est pleine pour Renaud Pré. Dans son box, il s'insurge avec véhémence contre le fait d'être considéré « comme un enfant de 3 ans. »

La présidente l'interroge, pugnace, sur son rapport à la jalousie, à la possessivité. Il répond :

« *Tant qu'il n'y a pas de décolleté qui dépasse, ça ne me dérange pas. Je n'avais pas confiance en elle et pas confiance en moi.* »

« *Et pourquoi vous ne voulez pas parler de votre passage à l'acte ?* », lui demande la magistrate.

« *Je ne suis pas fier de ça. J'ai paniqué. J'ai eu peur qu'elle voie ce que je lui avais fait. J'ai eu peur…* »

La peur de l'abandon ?

Troisième et dernier jour d'audience au procès d'assises de Renaud Pré.

L'accusé n'est pas serein. C'est l'heure des plaidoiries des avocats des parties civiles. Il sait que ce qu'il va entendre ne va pas lui plaire.

Sans surprise, Me Anne-Sophie Arbellot de Rouffignac, avocate de la maman, du papa et des deux sœurs de Lauren, ne fait pas dans la dentelle.

« *Je crois qu'il est devenu un sale type. Il a vrillé. Sa femme n'était pas à la hauteur. Renaud Pré, on lui doit l'amour. Sans même avoir la certitude qu'elle est réveillée, qu'elle a pu entendre sa foutue question, en interprétant son regard, dans la pénombre, il la tue fermement, résolument, froidement, consciencieusement.* »

L'avocate se tourne vers le box des accusés :

« *Il y a une question qui me taraude : quel regard avait-elle quand vous aviez les mains sur son cou ? Et les yeux de Renaud Pré, ils disaient quoi quand il l'étranglait ? « Tu m'aimes toujours ? » Ou « tu vas crever ? » Pour un regard rendormi, il a ôté à ses filles toute chance de grandir normalement. Jugez-le avec la fermeté qu'il convient !* »

L'accusé encaisse. Mal.

Mais ce n'est que le début.

Me Clémence Le Marchand, avocate des oncles et tantes de Lauren Marszan (barreau d'Orléans), rappelle le fléau que sont les féminicides.

« *En France, une femme meurt tous les deux jours et demi sous les coups de son conjoint… C'est le temps de notre audience. La famille Estanol a été amputée d'une partie d'elle-même. Imaginez toutes ces familles en France, 220 000 femmes victimes de violences conjugales chaque année. Une femme sur trois! Ça veut dire que nous en connaissons tous. Renaud Pré aimait sa femme, comme un fou. Mais il l'aimait surtout comme un objet. Il a mis Lauren dans une petite cage dorée qu'il a imaginée. Il s'était accaparé Lauren. En la rabaissant, il remontait son propre ego. Sa personnalité est narcissique. Et ça, ce n'est pas de l'amour. Lauren était une femme objet dont il était le seul propriétaire. Nous n'avons aucune explication de son passage à l'acte. Le coup de passion est inaudible.* »

La voix des orphelines est portée par Me Pascale Dubernard, avocate de l'Union départementale des associations familiales (Udaf), administrateur *ad hoc* des deux petites filles : « *Elles ne vont plus revoir leur père, plus revoir leur mère. Elles ont perdu brutalement leurs deux figures d'attachement. Depuis trois ans, elles vivent sans la présence de leur mère, privées de sa voix, de son odeur, de ses caresses, de son regard, de sa joie de vivre… Comment vont-elles grandir ? Comment vont-elles avoir confiance en elles-mêmes et en autrui ? Comment vont-elles évoluer avec l'image d'un père meurtrier ? Renaud Pré est-il encore capable d'apporter quelque chose à ses enfants ?* »

Le coup de grâce est asséné par l'avocate générale, Sophie Prenois, lors de ses réquisitions : trente ans de réclusion criminelle.

« *Ce crime n'a rien à voir avec l'amour. Si Lauren est décédée, c'est uniquement parce que Renaud Pré ne voulait pas être quitté. Cette peur de l'abandon n'a rien à voir avec l'amour mais avec sa personnalité. Renaud Pré est totalement responsable de ses actes, responsable devant les hommes et devant la loi. Il ne s'agit pas d'un étranglement mais de quatre, ce qui ne laissait aucune chance à Lauren. Au lieu de s'arrêter, il a persisté. Au lieu de porter secours, il a quitté le domicile. Ce mode opératoire signe une intention d'homicide. Lauren n'avait aucune chance de survivre. Il a peu évolué depuis les faits. Il n'y a pas de remise en question. Il s'est excusé en début d'audience mais il n'a pas cherché à expliquer les faits. C'est une personnalité figée, autocentrée.* »

« Ton café est prêt »

Après une interruption d'audience, Me Pascal Munoz (barreau des Deux-Sèvres), avocat de Renaud Pré, a la lourde tâche de réhabiliter l'image abîmée de son client. Sa ligne de défense est claire et continue depuis le début : c'est un crime passionnel.

« *Comment expliquer ce désastre ? Renaud, c'était un mec bien : doux, gentil, attentionné, jamais violent. Je ne pense pas qu'on puisse tuer par amour mais contrairement à l'avocat général, je pense que le crime passionnel existe. La passion est irrationnelle. On dit bien que le cœur a ses raisons que la raison ignore. L'emprise passionnelle, c'est quelque chose à laquelle on ne peut absolument pas résister. Vous devez prendre en compte cette emprise irrationnelle. Son discernement a été amoindri. C'est un acte passionnel et non intentionnel, a dit la psychiatre. L'intention a été menée par la passion. Pour juger quelqu'un, la justice ne doit pas être aveugle. Je veux qu'on puisse comprendre qui est Renaud Pré. Ce n'est pas un monstre, ni l'archétype du despote. L'avocat général a demandé une peine d'élimination. L'injustice, c'est le décès de Lauren. On vient demander aujourd'hui trente ans sur un geste. Trente ans, c'est la moitié d'une vie, c'est une peine pour quelqu'un de dangereux. Ne rajoutez pas de l'injustice.* »

Les huit jurés populaires ont toutes les cartes en main pour délibérer.

La présidente donne la parole en dernier à Renaud Pré, comme c'est l'usage.

L'accusé confie ses regrets à la salle d'audience : « *J'ai conscience d'avoir commis quelque chose d'irréparable. Jamais rien ne pourra remplacer Lauren. Je tiens à m'excuser. Je sais aussi que ce ne sera pas facile pour mes filles…* »

Dans la froideur de sa cellule, dans l'attente de sa condamnation, Renaud Pré est loin du temps heureux où il subtilisait un vêtement de Lauren « *pour sentir son odeur au travail.* » Instant révolu où, amoureux transit et insouciant, il laissait un petit mot le matin, sur la table de cuisine : « *Ma princesse, je n'ai pas envie de travailler aujourd'hui. Tu me manques, mon amour, ton café est prêt.* »

Reconnu coupable de la mort de Lauren Marszan, Renaud Pré est condamné par la cour d'assises de la Vienne à vingt-cinq ans de réclusion criminelle. Son autorité parentale lui est retirée. Une décision qui n'ôte pas sa filiation, ni la possibilité de voir ses deux filles, précise la présidente. L'accusé du meurtre par strangulation de Lauren Marszan est condamné à verser plusieurs centaines de milliers d'euros au titre des préjudices d'angoisse de mort, d'affections économiques ou matériels, subis par les parties civiles.

L'appel

Quelques jours plus tard, Renaud Pré décide de faire appel de cette condamnation. Le 20 septembre 2021, devant la cour d'assises de la Charente-Maritime, à Saintes, l'accusé explique pourquoi il souhaite voir s'ouvrir un nouveau procès : « *À cause de certains mensonges de quelques témoins, la vérité doit être dite* », estime-t-il en s'excusant auprès des parties civiles de « *remuer toute cette histoire en leur infligeant une deuxième audience.* » Certains membres de la famille de Lauren Marszan ne peuvent retenir une manifestation d'humeur à ces mots. La douleur et la colère sont toujours prégnants, quatre ans après la mort de la jeune femme. Cette audience organisée en deuxième instance n'apporte rien de nouveau sur les faits, sur la personnalité de l'accusé ni sur son geste.

« *Je ne m'excuserai jamais de ce que j'ai fait. Je travaille encore aujourd'hui à comprendre ce qui a pu m'amener à commettre l'irréparable* », déclare Renaud Pré.

La présidente tente : « *Est-ce qu'aujourd'hui vous avez des explications sur comment et pourquoi vous avez agi ainsi ?* »

« *Pas vraiment* », répond-t-il.

« *Pourquoi n'avez-vous pas arrêté votre geste, après avoir commencé à l'étrangler* », poursuit-elle.

« *Je ne sais pas…* »

C'est un signe qui ne trompe pas pour l'avocate des parties civiles, Me Anne-Sophie Arbellot de Rouffignac. En quatre ans en détention, ni ses explications, ni l'état d'esprit de l'accusé n'ont évolué, selon elle : « *En prison, il a continué sa vie comme il l'avait toujours menée : pas violent, travailleur, mais surtout sans réflexion ni mise en mots de ses actes. On n'a pas dépassé le stade du « oups, j'ai fait une bêtise »*.

L'avocate des oncles et tantes de Lauren Marszan, Me Clémence Lemarchand, est plus incisive encore : « *Contrairement à ce qu'il affirme, il n'a pas perdu le contrôle en étranglant Lauren. Il a repris le contrôle. Comme elle ne pouvait plus être à lui, alors elle ne serait avec personne d'autre.* »

L'avocate générale est frappée par « *l'incapacité de l'accusé à expliquer l'enchaînement des faits* » ayant entraîné la mort. « *Il a complètement occulté la souffrance de la victime durant sa longue agonie. Jamais il n'a dit non plus qu'il était désolé de l'avoir empêchée de vivre.* » Pour la représentante du ministère public, Renaud Pré n'est pas capable de réintégrer la vie en société, tant qu'il n'assume pas sa responsabilité.

Elle requiert vingt-cinq ans de réclusion criminelle, comme en première instance, à Poitiers, un an auparavant.

Chargée d'assurer la défense de Renaud Pré à la suite de Me Pascal Munoz, Me Patricia Coutand demande aux jurés de ne pas prendre en compte uniquement le geste meurtrier, mais aussi le comportement de l'accusé après les faits, arguant que « *tous les meurtriers ne se rendent pas d'eux-mêmes.* » L'argument a-t-il fait mouche sur une réduction de peine symbolique ? La cour d'assises de la Charente-Maritime a condamné Renaud Pré à vingt-quatre ans de réclusion criminelle.

La salle des pas perdus de l'ancien palais de justice de Poitiers.

MYTHOMANIE MEURTRIÈRE

20 janvier 2016 - *Civaux (Vienne)*
Un « coucou » aux assises

L'hystérie

Ferdinand, Pierre, Louis, Ernest.

Mais retenez simplement Ernest Dupré (1862-1921). C'était un célèbre aliéniste, un médecin spécialisé dans le traitement des aliénés.

Ce psychiatre est resté dans l'histoire comme l'inventeur du mot « mythomanie ». Petites lunettes rondes et barbichette de circonstance à l'époque, ce professeur à la faculté de médecine de Paris est devenu un spécialiste des patients hystériques. Au fur et à mesure d'examens cliniques de ce que la population appelait des « fous », il avait suggéré qu'un des traits de l'hystérie était la mythomanie. « Certains sujets altèrent la vérité, mentent, imaginent des histoires (fabulations), imitent des états organiques anormaux », écrivait-il. Des simulations ? Pas seulement ! Selon lui, la mythomanie, comme d'autres névroses, est l'un des moteurs de l'hystérie.

Comment devient-on mythomane ? Décrites dans la catégorie « troubles de la personnalité » par la classification internationale des maladies (CMI), des études sur la mythomanie suggèrent qu'une partie des cas proviendrait d'une anomalie du système nerveux provoquée par une épilepsie, un traumatisme crânien ou une infection du système nerveux. L'âge moyen d'apparition de ce trouble mental interviendrait à l'âge de 16 ans.

Et puis c'est tout. Ou quasiment.

Malgré les progrès de la médecine moderne au cours du XXe siècle, la chimie cérébrale reste toujours un mystère au XXIe siècle. Il reste une foule de questions : le mensonge et la mythomanie se fabriquent-ils à partir d'une formule chimique prenant sa source dans le cerveau ? Quel en est le déclencheur ? Pour servir quel dessein ? Peut-on s'inventer et incarner plusieurs personnages ? Combien d'impostures ? Où se cache sa véritable identité ?

Mais il y a surtout une question centrale, terriblement angoissante. Au-delà des mensonges propres à tromper le réel, et sans doute à se tromper soi-même, la mythomanie peut-elle être l'instrument d'un passage à l'acte criminel ?

La réponse est oui.

C'était le 20 janvier 2016, à Civaux.
Dans l'intimité d'une maison plongée dans le froid hivernal.
Et la pénombre d'un début de soirée particulièrement glauque.

Mise en scène

L'affaire débute comme un mauvais polar.

Et elle va donner du fil à retordre aux enquêteurs de la gendarmerie de la Vienne. Dans l'après-midi du 22 janvier, alertés par des proches de la victime qui s'inquiètent de ne plus avoir de nouvelles, les militaires découvrent le corps sans vie de Chantal Delaunay, 45 ans, à son domicile.

Cette maman de trois enfants gît dans les toilettes de l'habitation. Mais sa présence en ces lieux d'aisance, sa tenue sexy, la position de son corps font penser à une mise en scène. Les militaires en sont persuadés : cette mort est tout sauf naturelle.

Au milieu du va-et-vient des combinaisons blanches des techniciens de l'identification criminelle (TIC), le journaliste chargé des faits divers à *La Nouvelle République/Centre Presse* se heurte à un mur en arrivant sur place. C'est souvent le cas. Dans le « circulez, y'a rien à voir ! », il y a d'abord et avant tout : « circulez ! » Les forces de l'ordre n'aiment pas avoir « la presse dans les pattes » lors d'une enquête en cours. Et les journalistes ont pris l'habitude de composer avec leurs humeurs. Mais cette fois-ci, la fébrilité des enquêteurs et l'absence de réponses claires à leurs interrogations expliquent ce mutisme général.

«*Il y a des éléments suspects*», se borne à répondre une source. Et du côté du parquet, c'est bouche cousue: «*Je ne peux rien vous dire, ça serait préjudiciable à l'enquête...* », indique le parquetier de permanence.

Le médecin légiste et les techniciens en identification criminelle travaillent jusque tard dans la nuit pour éclaircir ces «éléments suspects.» Il y a l'apparence d'un suicide, ça y ressemble. Mais cette mise en scène continue d'interroger. A-t-elle été imaginée par un «tiers»? Et si c'est le cas, qui en est le mystérieux et inquiétant réalisateur? Où se trouve-t-il?

Un cœur à prendre

Preuve de l'embarras des forces de l'ordre et du parquet, l'enquête pour homicide volontaire est non seulement confiée aux gendarmes de la brigade de recherches (BR) de Montmorillon mais aussi aux limiers de la section de recherches (SR) de la compagnie de gendarmerie de Poitiers. On met «le paquet» en moyens parce que cette mort suspecte intrigue autant qu'elle inquiète. En attendant d'avoir des certitudes sur les circonstances de la mort, les militaires travaillent à mieux cerner la personnalité de la victime.

Les proches de cette mère de famille, divorcée depuis de nombreuses années, sont interrogés. Après les vérifications d'usage, son petit ami, David, un Breton, est mis hors de cause. Mais Christophe, son ami d'enfance et habitant de Civaux, a un mauvais pressentiment qu'il confie au journaliste présent sur les lieux. Il connaît bien Chantal puisque c'était son ancienne voisine. Elle était devenue une amie... et la copine de son ami d'enfance, David.

« *C'est chez nous qu'ils se sont rencontrés il y a deux ans, on était en train de tailler une petite haie,* raconte-t-il. *Il habite en Bretagne, David. Il était passé à la maison. Il avait vu Chantal. On avait rigolé, j'avais dit « il y a un cœur à prendre. » Ils ont dû échanger leurs numéros. Après, j'ai su qu'ils se voyaient,* soupire-t-il. *C'était bien tout ça, après tout ce qu'elle avait vécu, elle n'a pas eu de chance. Un temps, il y avait des gens pas très sains qui tournaient autour d'elle. David devait descendre pour le week-end. Il m'a dit qu'il lui avait envoyé un SMS mercredi en fin de journée, et puis après, plus rien. Il s'est inquiété. Ma femme est allée voir jeudi matin, elle ne l'a pas vue. Vendredi matin, on est repassé, il n'y avait plus sa Renault 19 rouge. Ça me met en colère tout ça, je suis sûr qu'on l'a tuée. C'était une fille gentille, Chantal. Elle avait ses problèmes comme tout le monde. Elle ne pouvait plus travailler. Elle avait été employée à la maison de retraite mais elle avait eu un souci à une main, un accident du travail. Elle était un peu dépressive, fragile, mais elle ne faisait de mal à personne. Je ne comprends pas ce qui a pu se passer.* »

L'interpellation

Oui, Chantal Delaunay attendait la visite de David, son amoureux brestois. Mais ce n'est visiblement pas lui qui a poussé la porte de la maison de la rue du Pois-Rond, à la sortie de Civaux, ce 20 janvier 2016.

Deux éléments matériels permettent aux enquêteurs d'avancer rapidement. Le premier, c'est le téléphone portable de Chantal Delaunay, retrouvé dans un fossé du côté de Bonneuil-Matours. « *Une personne l'a trouvé, elle est parvenue à consulter le répertoire et à contacter des proches* », lâche le parquet. Le second élément matériel, c'est la Renault rouge de Chantal Delaunay, disparue depuis les faits. Un avis de recherche est lancé dans toutes les brigades de gendarmerie de la Vienne. Les patrouilles se multiplient. Bingo ! Le véhicule est repéré, samedi 23 janvier 2016, dans la matinée, aux Roches-Prémarie-Andillé. Un jeune à l'attitude suspecte, originaire de Châtellerault, se trouve à proximité.

« *Je suis sans doute celui que vous recherchez* », lance, goguenard, un jeune homme aux gendarmes. Il s'agit de Kevin Lefebvre, 28 ans. Placé en garde à vue, il se met rapidement « à table. » Il avoue avoir étranglé son ex-copine, Chantal Delaunay. Deux jours plus tard, après quarante-huit heures de garde à vue dans les locaux de la gendarmerie, il est mis en examen pour homicide volontaire avec préméditation. Avec une circonstance aggravante : la victime était son ex-compagne.

« *Il reconnaît les faits dans leur globalité*, indique Michel Garrandaux, procureur de la République de Poitiers, lors d'une conférence de presse. *Il a avoué qu'il avait « serré Chantal Delaunay jusqu'à ce qu'elle ne bouge plus. » Ensuite, il a descendu le corps dans les toilettes, où elle a été retrouvée.* »

Un mobile ?

« *Une séparation mal vécue*, selon le procureur. *Il lui en voulait. C'est ce qui l'aurait conduit à passer à l'acte.* »

La vérité s'avérera bien plus tordue. Mais, à ce stade, ni les gendarmes, ni le procureur ne se doutent de l'étendue de la mythomanie du suspect. Ni de son goût pour la mise en scène… érotico-morbide ! La question taraude les gendarmes depuis la découverte du corps de Chantal Delaunay : pourquoi cette femme était-elle simplement vêtue d'un string, d'un corset, le visage masqué par un loup, ses mains entravées par des menottes de pacotille, avec une ceinture passée autour de son cou attachée au dévidoir du papier-toilette ?

L'autopsie confirmera bien sa mort des suites d'une strangulation. Mais pas d'une pendaison… impossible en s'attachant au dévidoir d'un rouleau de papier !

Un coucou

Après dix mois d'enquête, la reconstitution dans la maison de Civaux était très attendue. Le juge d'instruction se hâte, entouré des enquêteurs et des avocats de la victime et de la défense. Tous attendent d'en savoir plus sur les circonstances du meurtre commis par un jeune homme de 28 ans qui semble réinventer sa vie en permanence.

« *Des déclarations, il en fait. Il dit beaucoup de choses… et beaucoup de choses ne tiennent pas la route une fois vérifiées* », soupire une source proche du dossier qui confie en aparté : « *Il dit qu'elle est morte pendant un jeu sexuel, qu'ils ont eu un rapport consenti. C'est ce qu'il dit, mais on n'en sait rien. Il a menti sur tant de choses. Il l'a salie. Il a dit que Chantal Delaunay allait sur des sites sado-maso pour expliquer ce qui s'était passé. Le juge a vérifié et on a découvert en fait qu'elle allait sur poèmes.com ! Il a dit qu'il était allé faire des courses avec elle le dimanche alors qu'elle était morte… depuis le mercredi !* »

La personnalité de Kevin Lefebvre laisse craindre le pire à Me Amaury Auzou (barreau de Paris), avocat des parties civiles : « *Il a été mis en examen pour meurtre aggravé. Nous pensons qu'il y a dans le dossier des éléments qui permettent de penser que c'est un assassinat : son emploi du temps le jour des faits, certaines déclarations laissent entrevoir une préméditation. Cette question est très importante pour la famille de la victime, pour restaurer la dignité de cette mère de famille. Si c'est un accident, comme il le dit, pourquoi alors ne tente-t-il pas de la ranimer ? Pourquoi ne prévient-il pas les secours ? Pourquoi vide-t-il la maison de ses affaires ? Il y a beaucoup d'actes réfléchis qui sont commis et qui posent question.* »

Rien ne filtre à l'issue de la reconstitution. Le 23 janvier 2019, *La Nouvelle République/Centre Presse* titre « *Le coucou de Civaux face aux assises* » pour annoncer le procès d'assises. Pourquoi le « coucou » ? Parce que, depuis la reconstitution, de nouveaux éléments sont apparus. Selon l'accusation et les avocats des parties civiles, l'accusé aurait sciemment tué Chantal Delaunay, mis en scène son crime avant de nettoyer la maison des effets personnels de la victime. Ils ont été retrouvés dans quatorze sacs-poubelles déposés dans la chaufferie de la maison, fermée à clé. Tout ce grand ménage morbide pour inviter, dans la foulée, quelques heures après, sa nouvelle petite amie, Maud. Elle désespérait de découvrir la maison dont il disait être le propriétaire ! Kevin Lefebvre est venu s'installer dans un foyer qui n'était pas le sien.

Oui, le « coucou » de Civaux voulait juste inviter sa nouvelle copine dans cette maison, qui n'était prétendument pas la sienne !

Un meurtre prémédité

Dès le début d'audience devant la cour d'assises de la Vienne, Gilles Poizat, commandant de la section de recherches (SR) de la gendarmerie de Poitiers, chargé de l'enquête, confirme l'incroyable scénario. Il ne croit pas au jeu sexuel qui aurait mal tourné. Pour lui, Kevin Lefebvre a prémédité le meurtre. Ce que l'accusé conteste.

« *Il y a un faisceau d'éléments probants. On peut émettre l'hypothèse d'une mise en scène. Il a eu un comportement déconcertant après le meurtre. En garde à vue, il indiquait avoir paniqué alors qu'il a démontré une attitude rigoureuse, froide, appliquée.* » L'enquêteur en veut aussi pour preuve le loup parfaitement placé sur le visage, la consultation par l'accusé d'une page Wikipédia sur la strangulation, son absence d'empathie et de regrets.

Et puis, il y a cet acte sexuel avec Maud sur le lit… sur lequel il aurait étranglé Chantal Delaunay quelques heures avant. Selon le militaire, le mobile de l'assassinat de cet individu qu'il qualifie de « *cupide, narcissique, manipulateur, affabulateur* » était simple : « *Satisfaire son désir d'accueillir Maud, ne serait-ce que pour quelques heures.* »

À la barre, la fameuse Maud tombe des nues. Elle avait rencontré Kevin Lefebvre sur le site de rencontres Badoo en novembre 2015. À mille lieux d'imaginer coucher – sans le savoir – dans le lit de Chantal Delaunay à Civaux, quelques heures après sa mort. Alors que son cadavre était caché dans les toilettes...

Dès le début de leur relation, cette jeune femme de bon sens a des doutes: «*J'ai rapidement compris qu'il y avait quelque chose de bizarre. Je passais mon temps à lui avancer de l'argent, j'étais à découvert.*» Elle ne se doutait pas de l'impensable le soir où elle passe la nuit à Civaux: «*Une personne normale ne pense pas à ça quand elle va dormir au domicile de son copain...*»

Pour le médecin légiste Michel Sapanet, dès la levée du corps de Chantal Delaunay, il ne faisait aucun doute qu'il s'agissait d'une mort criminelle, pas d'une auto-pendaison érotique. «*Les saignements constatés étaient bien la conséquence de la strangulation, un acte repris avec la ceinture, à deux ou trois reprises, qui a conduit à une asphyxie mécanique avec une perte de conscience entre 45 secondes et 4 minutes.*»

Ce qui a laissé le docteur interrogatif, ce sont les lésions constatées sur le corps: au-delà d'une pénétration anale, il y avait ces ecchymoses, saignements musculaires sur plusieurs parties du corps... «*L'hypothèse la plus probable: il appuyait avec ses genoux sur son dos et elle s'est débattue.*» Kevin Lefebvre s'agite dans le box. Il dément, estimant que ces lésions ont été faites lors du transport du corps. Une affirmation battue en brèche par le légiste:«*Pour qu'il y ait ces marques, il faut une circulation sanguine, il faut que le cœur batte.*» Or, il ne battait plus. L'accusé n'en démord pas: «*Je n'ai pas porté de coups. Je ne change pas mes déclarations.*»

Un mythomane

Mais comment le croire, Kevin Lefebvre? Qui est-il? «Taz Klein», comme il se surnommait? Un revendeur de drogue, comme il a pu le dire? L'éducatrice spécialisée chargée de l'enquête de personnalité, Adeline Ditre, a eu du pain sur la planche pour trouver des éléments objectifs et vérifiables permettant de cerner l'accusé. Ou tenter de le faire: abandonné par sa maman, rejeté par un père qui a fait trois tentatives de suicide, confronté à un univers hypersexualisé... «*Il est devenu obèse, triste, il s'est fermé, il avait la rage, il a rompu avec le système scolaire et a arrêté le collège en 5ᵉ*», détaille l'enquêtrice. *Il aurait alors versé dans la délinquance et le trafic de drogue en gagnant le surnom de* «*Taz.*».

Dès son enfance, son père a pourtant un doute : est-il bipolaire ? La professionnelle, qui a rencontré l'accusé à deux reprises, a noté une « *utilisation pathologique du mensonge.* » « *Il a eu des carences affectives graves. Ce qui ressort depuis l'adolescence, c'est cette tendance à l'affabulation.* » Mensonge ? Affabulation ? Bipolarité ?

À la reprise d'audience, la présidente de la cour d'assises de la Vienne finit par lâcher une autre notion : la mythomanie. Pendant plus de deux heures, la magistrate « cuisine » l'accusé en confrontant ses déclarations. Point par point. Date après date. Les témoignages des ex-petites copines à qui il déclarait être dans l'armée ? C'était faux. Blessé en opération extérieure ? Du « mytho ». Propriétaire de plusieurs voitures de luxe ? N'importe quoi. Quant aux parents décédés ? Encore un mensonge.

« *Il avait toujours réponse à tout. Il y avait chez lui ce côté mythomane et manipulateur* », lâche une de ses ex à la barre de la cour d'assises de la Vienne.

Dans ce jeu de ping-pong avec la présidente, « Waffen Kevin » (son autre surnom sur Facebook), amoureux des armes et du IIIᵉ Reich, ne se démonte pas. Yeux dans les yeux, il a effectivement réponse à tout. Jusqu'à ce que les faits deviennent trop pressants, trop précis.

«*Je ne répondrai pas à votre question !*» finit-il par lâcher à la magistrate en ne dissimulant pas un profond agacement. Mais il tombe sur plus malin que lui. La présidente, Marie-Cécile Thouzeau, parvient à le coincer sur l'un de ses mensonges, concernant les voitures de luxe. L'accusé ne sait pas qu'elle connaît la marque Porsche sur le bout des doigts :

« *La type 928 avait une particularité, vous savez laquelle ?* »

« *Le moteur avant* », répond l'accusé. Raté.

« *C'était la première de la marque à disposer d'un moteur V8* », lui rétorque Marie-Cécile Thouzeau du tac au tac.

Dans son box, l'accusé se rassoit. Moue contrainte. En cette première et longue journée d'audience, le public découvre qu'une voiture sportive est devenue mètre étalon du mensonge. Mais ce détail trivial n'est rien face à la violence des ressentiments des proches à l'encontre de l'accusé.

« *Tu n'assumes rien du tout, tu n'es qu'une enflure, une pourriture, tu aurais dû te suicider...* », lance froidement Johan Lefebvre, frère de l'accusé, lors d'un incident d'audience. Quelques instants auparavant, un premier clash avait déjà opposé l'accusé à sa mère. On a rarement vu accusé aussi détesté par sa propre famille.

« *Il a passé sa vie à mentir,* justifie son frère. *C'est tout ce que je peux vous dire. Je souhaite qu'il paye. Je pense qu'il savait exactement ce qu'il faisait à Chantal Delaunay. Pour moi, c'était prémédité. Je ne lui trouve aucune excuse.* »

Un silence pesant tombe sur la salle d'audience.

Nora Pacaud, maman de l'accusé, s'avance à la barre : « *Je ne sais pas quoi vous dire... Il a mené tellement de gens en bateau, il a fait des coups complètement tordus. C'est un mythomane et un affabulateur. Sinon, il est très adroit de ses mains et il a une mémoire impressionnante. Il avait la capacité pour s'en sortir...* »

Pierre Lefebvre, papa de l'accusé, tente de réhabiliter son fils : « *De mes cinq enfants, c'est celui pour lequel j'ai fait le plus de choses. Il m'a dit qu'il s'était engueulé avec Chantal et que ça avait dégénéré.* »

Mais rien n'y fait. Sabrina Lefebvre, sa sœur, l'enfonce à nouveau : « *Il était venu loger chez moi. Je l'ai mis à la porte. J'avais ma fille et autre chose à foutre que de le nourrir. Il vidait le frigo, il squattait. C'est un profiteur, rien de plus. Aujourd'hui, je me dis juste que c'est un gros mythomane.* »

Et puis il y a Tracy Lefebvre, son autre sœur, pas plus tendre : « *Pour moi, c'est quelqu'un d'irrécupérable. Un parasite. Il s'agrippe aux gens jusqu'à ce qu'ils n'aient plus rien. Ce n'est pas mon frère qui est dans cette salle d'audience. Mon frère est mort en même temps que ce qu'il a fait...* »

Maud Favard, l'ex-petite amie qui a couché dans le lit dans lequel il a donné la mort à Chantal Delaunay, revient à la barre. Elle livre une confidence étonnante : « *Il a même réussi à me faire aller en Suisse pour rencontrer un de ses oncles !* »

L'étendue des mensonges inventés par Kevin Lefebvre, son pouvoir de tromperie, réside dans cette anecdote helvétique. Comment faire croire à Maud qu'un de ses oncles tient une concession Lamborghini en Suisse ?

« *Au départ, il devait louer une voiture. Et puis finalement, il disait s'être fait arnaquer sur Internet. On a pris ma voiture. J'ai payé l'essence, l'autoroute, l'hôtel… Et puis arrivé sur place, en Suisse, son oncle n'était pas là. La colère m'a prise, on est rentré. J'avais un gros découvert, je passais mon temps à lui avancer de l'argent. Il m'a prise pour une imbécile.* »

Les aveux

Deuxième jour du procès devant la cour d'assises de la Vienne.

Au milieu du défilé des proches de la victime (petits amis) et de l'accusé (père, mère, frère, sœurs), l'expertise informatique éclaire le déroulé des faits. L'accusé a consulté la page « strangulation » de Wikipédia le 20 janvier 2016, à 15 h 03. Une heure avant la mort estimée de Chantal Delaunay. Le sablier d'une hypothétique manifestation de la vérité s'écoule bien trop rapidement quand Kevin Lefebvre se résout enfin à parler.

« *Elle s'est allongée sur le lit, sur le ventre. Il y a eu des caresses. Elle a enfilé un masque. Et je l'ai aidée à mettre la paire de menottes. Il y a eu un massage et elle a demandé de pratiquer la strangulation. J'ai passé la ceinture autour du cou. J'ai serré une fois. Elle a demandé de serrer à nouveau. J'ai serré à plusieurs reprises. Elle ne bougeait plus. J'ai constaté l'écoulement de sang… Je suis conscient de ce que j'ai fait. Je lui ai volontairement donné la mort parce que je n'ai pas arrêté de serrer.* »

Si Kevin Lefebvre reconnaît sa responsabilité directe dans la mort de Chantal Delaunay, le tribunal s'interroge toujours sur la préméditation. L'accusé affirme qu'il était « paniqué. »

« *On sait que trois heures après la mort de Chantal Delaunay, Maud arrive. Vous avez fait place nette. Vous trouvez ça compatible avec quelqu'un qui a paniqué ? Vous avez eu un comportement rationnel, utilitaire, rigoureux et vous vous dites paniqué ?* » l'interroge la présidente Marie-Cécile Thouzeau.

« *Je ne sais pas pourquoi j'ai fait ces choses…* »

« *Si. Vous savez ! lui répond la présidente, du tac au tac. Vous venez de tuer une femme. Maud vous met la pression. Évidemment que vous savez. Elle va arriver et il faut faire disparaître le corps en faisant croire que c'est votre habitation.* »

« *Probablement...* »

L'aveu de l'accusé prend un autre relief avec une phrase étonnante prononcée par le psychiatre, Lionel Alix : « *Quand on ment, c'est pour être cru !* » Pour le psychiatre, en l'occurrence, « *il ne s'agissait pas d'un dérapage.* »

Décrit par l'expert comme une « *personnalité psychopathique, antisociale, avec des traits de nature perverse* » mais sans pathologie psychiatrique, Kevin Lefebvre n'est pas, selon lui, un mythomane. « *Le mythomane ment pour mentir, c'est un trouble de la personnalité. Le mensonge simple, c'est pour se valoriser, se faire plaindre, se faire aimer.* »

La psychologue Chantal Magnant est moins péremptoire. Certes, elle a détecté chez l'accusé une « personnalité psychotique. » « *Il a un hypercontrôle qui ne témoigne pas d'une réelle stabilité intérieure. Il est dans le déni de l'autre qui existe seulement comme un outil. Et la perversion pour lui, c'est presque une dernière carte pour tenir debout.* » Me Patricia Coutand, conseil de Kevin Lefebvre, l'interroge : « *Alors, est-il menteur ou mythomane ?* » La psychologue esquisse un sourire : « P*ourquoi pas les deux ?* »

Vingt-sept ans de réclusion

Menteur ou mythomane, les proches de la victime s'en moquent. David Yvonet en particulier. Le petit ami de Chantal Delaunay s'avance à la barre en tremblant. Trois ans après l'assassinat de son amour, il est toujours suivi par un psychiatre. Ce Brestois avait rencontré la victime lors d'un week-end de l'Ascension, chez un de ses voisins, à Civaux, en 2014. Coup de foudre. « *C'était une belle personne. Chantal était gentille, douce, attentionnée, aimante. Elle était épanouie, elle revivait. Elle devait venir s'installer en Bretagne. Elle m'avait dit qu'elle avait rencontré un dénommé Kevin, elle me disait qu'elle avait des soucis d'escroqueries.* »

Son avocate, Me Caroline Maissin, va plus loin : « *Elle n'était qu'un outil pour assouvir ses besoins. Il ne fait preuve d'aucune empathie. Je suis convaincue qu'il avait prévu de tuer Chantal Delaunay. Il a parfaitement berné les experts parce qu'il est manipulateur et habile.* »

Les plaidoiries des avocats des parties civiles déroulent la même veine accusatoire.

Me Lee Takhedmit (avocat du père et des enfants de Chantal Delaunay) : « *Entendre Kevin, le roi des mythomanes, dire à cette barre que Chantal était l'amour de sa vie, ce n'est pas une outrance, c'est un outrage ! Rien dans son comportement ne correspond à un dérapage sexuel. Il prend la poudre d'escampette après avoir maquillé la scène de crime. La mort de Chantal n'a rien d'un hasard. Elle était préméditée : Chantal était un grain de sable dans la machinerie bien huilée de Kevin.* »

Me Amaury Auzou (avocat du papa, de la maman, de la sœur, du neveu, de la nièce de Chantal Delaunay) enfonce le clou : « *Ce n'est pas un accident, pas la maladie… L'accusé a pensé au moins deux jours à son programme. Tout a été prémédité. Il faut que vous compreniez que ce n'est pas simplement un meurtre.* »

Me Arnaud Coche (avocat du frère de Chantal) : « *J'ai été glacé par ce que j'ai découvert dans ce dossier : il y a l'aveu d'un meurtre, même quand on est un mythomane ou un menteur professionnel. Mais on ne peut pas nier la préméditation dans ce dossier.* »

C'est l'heure des réquisitions pour l'avocat général Hervé Drevard, en ce dernier jour de procès. Il requiert une réclusion « *pas inférieure à vingt-cinq ans* » et comprenant une peine de sûreté à hauteur de la moitié de la peine décidée à l'encontre de ce trentenaire « *mythomane, manipulateur, oisif.* » Et il s'en explique : « *Il passe son temps à mentir, sur tout et tout le temps, incapable de se projeter. C'est le trait le plus inquiétant de sa personnalité, la clé du décès de la malheureuse Chantal.* » Pour le ministère public, la chose est entendue, le mobile de cet assassinat était « *de passer quelques heures, quelques jours de plus avec Maud Favard. La préméditation ne fait aucun doute. Chantal Delaunay était un obstacle qui se dressait sur sa route. Le mobile est terrifiant : une mère de trois enfants est morte pour donner corps à un mensonge* », martèle-t-il aux jurés en les invitant à tenir compte de « *sa dangerosité manifeste, effrayante.* »

Les deux avocates de Kevin Lefebvre ont fort à faire pour la défense de leur client. Me Émilie Hay : « *Il n'y a pas eu préméditation, pas de réflexion, tout a été fait dans l'immédiateté. Pourquoi il ne l'a pas fait la veille au soir ? C'était bien plus simple. Je crois qu'une demande de strangulation a eu lieu de la part de Chantal Delaunay. Et tout est remonté chez Kevin Lefebvre au moment de la relation sexuelle, les ruptures, les rancœurs. Si pour une fois il dit la vérité, ça vaut le coup de le croire.* » Et puis elle s'interroge : « *Pourquoi tous ces mensonges ? L'objectif n'est pas de vous berner, c'est d'être aimé. Kevin Lefebvre est un enfant qui a été malheureux, touché psychiquement et c'est un adulte en souffrance.* »

Me Patricia Coutand prend le relais, tentant de désaxer la responsabilité : « *Ce procès est celui de la mythomanie. On ne peut pas lui reprocher d'être un menteur. Le mensonge, c'est l'oxygène de la mythomanie. Mais l'hypothèse selon laquelle tout est remonté depuis une vingtaine d'années, moi j'y crois à 200 %. Il n'a rien prémédité. Je vous demande de reconnaître l'altération du discernement.* »

Les jurés de la cour d'assises de la Vienne ne suivent pas cette logique. Pire. Pour eux, dans cette intime conviction nourrie par les débats du procès, il y avait bien préméditation. Kevin Lefebvre est condamné à vingt-sept ans de réclusion criminelle par la cour d'assises de la Vienne, après cinq heures de délibéré. Pour les jurés, il est coupable d'avoir volontairement donné la mort à Chantal Delaunay le 20 janvier 2016. Un geste prémédité.. Selon eux, il n'existait aucune abolition du discernement au moment des faits. Le verdict est voté à la majorité absolue. La condamnation est assortie d'un suivi socio-judiciaire (SSJ) pendant cinq ans avec plusieurs obligations (obligation de formation, de réparer les dommages et l'interdiction d'entrer en contact avec la famille de la victime).

Avant de partir en détention, Kevin Lefebvre l'annonce : il ne fait pas appel de la décision.

Entrée de la cour d'assises spéciale du tribunal de Paris.

« GO FAST » MORTEL

24 mars 2011 -
Deux-Sèvres/Vienne/Indre-et-Loire/Paris
« Il nous a pris Damien »

Seize degrés à la mi-journée. Ce n'est pas encore l'été sur la Costa del Sol. Mais en cette fin mars 2011, c'est toujours mieux que la fraîcheur latente d'un hiver sans fin à Beauvais (Oise), songe Zohire Zaafari.

Le jeune homme vient de traverser un long bitume de 1 875 kilomètres jusqu'à Malaga, l'une des plus anciennes cités d'Espagne. Fondée au VIIIe siècle par les Phéniciens, c'est une ville dont les vestiges témoignent d'une histoire tourmentée avec son amphithéâtre, la forteresse maure d'Alcazaba, le château du Gibralfaro et la cathédrale de la Manquita, « la manchote » comme on dit là-bas. Les Romains, les Grecs, les Arabes et les catholiques se sont disputé ce qui est aujourd'hui la deuxième plus grande ville d'Andalousie (600 000 habitants). Et puis Malaga demeure la ville de naissance d'un des plus grands artistes du XXe siècle : Pablo Picasso, en 1881. Mais certains viennent uniquement voir la belle andalouse pour la place de la Merced, les palmiers, la féria, les bananiers et les plages de sable chaud.

Au moment où il stoppe le moteur de la berline allemande, Zohire Zaafari, 30 ans, n'a aucune envie de faire du tourisme. Il est ici parce que la ville est située dans le sud de l'Espagne, sur la côte méditerranéenne, face au Maroc. Il est à Malaga parce qu'il va convoyer prochainement de la drogue. Il va participer à un « go fast » (« aller vite », en Français), comme dans le film éponyme d'Olivier Van Hoofstadt, sorti en 2008. Mais à l'époque, la vedette du film, Roschdy Zem, était un flic infiltré.

La mule

Zohire, lui, a choisi le rôle du transporteur. C'est une « mule », le terme employé dans le milieu des stupéfiants pour évoquer celui qui transporte la drogue. Quatorze ballots de 30 kg de résine de cannabis à remonter en France : un total de 420 kg de shit. Valeur marchande : 2 millions d'euros à la revente.

Malaga est l'une des portes d'entrée du cannabis en Europe. Une place forte des trafiquants français. Ici, les vagues rejettent les ballots en toile de jute en provenance du nord marocain. Ils sont convoyés, souvent de nuit, par des « semi-rigides », ces hors-bords ultra-puissants dont l'étrave fend le sable des plages ibériques. En quelques minutes, une livraison sous tension est organisée loin du public attablé dans les *chiringuitos*, ces restaurants où l'on sert les poissons frits.

Zohire est un jeune papa. Il a été contacté le 7 mars 2011 par de mystérieux correspondants. Des gros bonnets du trafic de stupéfiants. Au départ, ils lui ont proposé 2 000 € pour escorter un convoi. Puis 10 000 €, quelques jours plus tard, pour qu'il transporte lui-même la cargaison. Il en a parlé à deux copains de Beauvais, Andy Camelo Ferreira et Sylvain Caron. Il a besoin d'eux pour monter ce « go fast ».

Non, ce n'est pas un voyage touristique qu'il prépare.
C'est le salaire de la beuh..

L'affaire commence par une location de voiture. Zohire se rend chez le loueur Avis et paye avec sa propre carte bancaire : une BMW 530 noire, berline puissante avec son moteur six cylindres de trois litres à injection directe. Deux cent quarante cinq chevaux capables de monter à 250 km/h. Direction l'Espagne. Ses deux copains suivent dans une voiture du même type. Hôtel dans la banlieue de Malaga jusqu'au 23 mars. Zohire repart vers Séville à la demande de ses « patrons ». Ses potes remontent vers la France. Le convoi se forme en Espagne avec une mystérieuse Audi A6. Elle fera partie du voyage, mais on ne retrouvera jamais trace de ces énigmatiques « patrons.» Ils surveillent plus la marchandise convoyée par les jeunes qu'ils n'accompagnent ce transport interdit.

« D'Artagnan »

Zohire Zaafari ne le sait pas encore, mais la route de la drogue l'amènera à percuter Damien Rouillier. Et faire basculer leur vie respective.

Damien Rouillier, 38 ans, c'est « D'artagnan », à cause de ses moustaches. Il entend souvent ses collègues des Douanes blaguer autour de ce surnom affectueux quand ils partent en mission. Ça lui va bien « D'artagnan ». Il a un côté chaleureux et volontaire. Mais Damien Rouillier est surtout connu pour être un« battant », un mec droit qui sait ce qu'il veut. Voilà maintenant cinq ans qu'il a rejoint la brigade de surveillance spéciale de Poitiers. Une réussite dans sa carrière professionnelle pour cet ancien agent de la Direction départementale des équipements (DDE). Parvenir à concilier son amour pour la moto et le concours d'entrée des Douanes, c'était son souhait. Épanoui dans son boulot, ce grand gaillard athlétique d'1,88 m et 89 kilos originaire de Saint-Nazaire (Loire-Atlantique) l'est aussi dans le privé : un beau mariage avec sa femme, deux fils âgés de 10 et 12 ans.

Et Damien Rouillier aime donner aux autres : à Vivonne, où il habite depuis dix ans, il est conseiller municipal depuis 2008 aux côtés du maire, Maurice Ramblière. Il s'occupe notamment de la commission loisirs. Entre deux réunions pour la préparation du prochain trail communal, il épaule aussi la vie associative, dont le club de karaté, son autre passion. Il a aidé à fonder le club d'Iteuil avant de créer une section à Vivonne. Ce 24 mars 2011, il doit d'ailleurs évoquer en soirée le passage de sa ceinture noire avec les membres du club. Le club donnera à son dojo le nom du douanier, en mai 2016.

In memoriam.

Mais pour le moment, Damien Rouillier est préoccupé par son travail. Aujourd'hui, au guidon de sa Yamaha FJR 1300, il part en mission de surveillance de lutte contre les stupéfiants et l'économie parallèle sur l'autoroute A10.

L'interception

Cinquante kilomètres d'écart entre « l'ouvreuse » et la « porteuse ». C'est la règle dans un « go fast. » L'ouvreuse, c'est la voiture d'Andy et Sylvain. Ils sont les yeux du transporteur, chargés de vérifier que la route est « claire », c'est-à-dire sans forces de l'ordre.

En contact permanent avec Zohire au volant de la porteuse, via des téléphones portables jetés au fil des kilomètres, ils filent sur l'A10, soulagés d'avoir franchi la frontière espagnole sans encombre. Bordeaux est derrière eux. Le plus gros est fait, pensent-ils, jusqu'à la livraison, sans doute en région parisienne.

Il est 9 h 32 quand une BMW suspecte est signalée à Niort lors d'une opération du Groupe d'intervention régional (GIR), menée conjointement par la Gendarmerie et les Douanes entre Deux-Sèvres et Vienne. Cent kilomètres plus loin, onze douaniers attendent le top départ d'un contrôle, à l'aide de deux voitures et de quatre motos. « BMW en approche », crachote la radio. Il ne s'agit pas de la voiture ouvreuse, qui sera contrôlée à la barrière de péage de Monnaie (Indre-et-Loire). Rien à reprocher pour les Douanes. Non, l'interception en mobilité, c'est pour cette autre BMW noire à 9 h 40. Le nom du « propriétaire » vient de « matcher » pour des affaires de stup.

C'est la porteuse de Zohire Zaafari.

Deux motos et une voiture des Douanes démarrent en trombe. Ils sont à ses trousses avec gyrophares et sirène deux tons. Le trentenaire vient de traverser le département de la Vienne et roule maintenant en direction de l'Indre-et-Loire. Le trafiquant accélère encore pour semer ses poursuivants. La Ford Mondéo des Douanes ne parvient pas à tenir le rythme, laissant les deux motards seuls : Damien Rouillier et son collègue et ami, Emmanuel Mercier : « *On a enquillé sur la voie de gauche, à une vitesse de 200, 220 km/h. La BMW devait être à 230 ou 240 km/h, je ne pensais pas pouvoir la rattraper.* »

La berline allemande slalome à travers le flot de circulation. Damien Rouillier la « colle ».

Il est 10 h 20 quand un rétrécissement s'annonce à hauteur de Nouâtre (Indre-et-Loire). Une seule voie de circulation. Zohire Zaafari est contraint de ralentir.

« *Nous sommes arrivés sur une zone de travaux,* se souvient Emmanuel Mercier. *Je roulais à 180 km/h. La BMW zigzaguait entre les poids lourds et les voitures, parfois sur la bande d'arrêt d'urgence. J'étais à cent cinquante mètres derrière, au niveau du rétrécissement de voie. Damien est parti sur la gauche.* »

À cet instant, le douanier motocycliste ne voit pas la sortie de cette zone de travaux.

Le choc

Derniers cônes de chantier.

Violente reprise de la « BM » avec le pied droit comme enfoncé dans le moteur, Zohire Zaafari vient d'accélérer brutalement en se déportant. Un coup de volant. Un long bruit de tôles froissées. Un choc violent s'est produit au point kilométrique 251 de l'A10 dans le sens province-Paris : Damien Rouillier, le motard des Douanes qui collait la roue arrière gauche de la « BM », est éjecté de sa moto.

« *Je n'ai pas vu l'accident, je n'ai pas vu le choc. J'ai seulement vu la moto qui continuait à rouler, seule, grâce à son inertie. Et puis j'ai vu Damien allongé à terre…* », relate Emmanuel Mercier.

Au volant de la Ford Mondéo, la chef d'équipe Caroline Camal arrive sur les lieux quelques secondes après le choc.

« *J'étais persuadée que la BMW serait rabattue par les motards sur l'aire de Châtellerault-Usseau. Mais nous n'avons vu personne là-bas. J'étais inquiète. Après plusieurs kilomètres, nous sommes arrivés sur cette zone de travaux. Les camions faisaient des appels de phare. À ce moment-là, j'ai vu Damien au niveau de la glissière de sécurité centrale. Il était allongé, inconscient. Il n'avait plus son casque…* »

La circulation sur l'A10 est interrompue pour permettre l'intervention des secours et l'atterrissage de l'hélicoptère du SAMU d'Indre-et-Loire. Damien Rouillier est en arrêt cardio-respiratoire. Il est polytraumatisé, grièvement blessé. Les urgentistes parviennent, après de longs massages, à relancer ses fonctions vitales. Il est évacué à l'hôpital

Trousseau de Chambray-lès-Tours dans l'HéliMSUR. Son pronostic vital est engagé.

Le 25 mars 2011, après une nuit en réanimation, Damien Rouillier meurt des suites de ses blessures à 8 h 35. Le motocycliste des Douanes vient de perdre la vie dans l'exercice de ses fonctions.

La traque

Zohire Zaafari sait qu'il s'est passé quelque chose de grave. Il sait qu'il a désormais toutes les forces de l'ordre à ses trousses. Il n'ignore pas, non plus, qu'il est coincé. L'autoroute est un piège. Zohire Zaafari ne reste pas longtemps sur l'A10 après l'accrochage avec le motard des Douanes. D'autant qu'un des pneus de la BMW est très abîmé. Il sort par une voie de service, à hauteur de Maillé (Indre-et-Loire).

Planqué au milieu des bois, il est récupéré en fin de journée par deux autres copains, venus de Beauvais, Charly et Youssef, 22 et 27 ans. Ils seront poursuivis en correctionnelle pour recel de malfaiteur.

La « porteuse » est retrouvée avec ses 420 kilos de cannabis à 11 h 30. Mais aucune trace du chauffeur. Le déclenchement par les gendarmes d'un dispositif appelé « filet bleu » permet d'interpeller, quelques minutes plus tard, Andy Camelo Ferreira et Sylvain Caron. Ils roulaient sur les routes de campagne de Maillé dans leur BMW « ouvreuse », sans doute à la recherche de Zohire. Ils sont mis en examen, quelques jours plus tard, pour importation de drogue en bande organisée.

Zohire Zaafari est dans la nature. Il est parvenu à passer entre les barrages des forces de l'ordre. Mais un avis de recherche urgent est lancé par la police judiciaire de Tours.

Le 30 mars 2011, son propre frère lance un appel sur RTL : « *Zohire, rends-toi. On n'a pas la force pour vivre tout ça. Rends-toi, qu'on en termine, que justice soit faite et qu'on sache aussi le fin mot de cette histoire, savoir ce qui s'est passé.* »

L'un des oncles de Damien Rouillier relaye cet appel sur les ondes de *France bleu* : « *S'il est un homme, qu'il assume ce qu'il a fait. Il a eu une attitude d'une grande lâcheté.* »

Le 4 avril 2011, à 6 h, Zohire Zaafari se présente de lui-même au commissariat de police de Beauvais. Entendu par les enquêteurs de l'Office central pour la répression du trafic illicite des stupéfiants (Ocrtis), il est mis en examen dans la foulée pour meurtre. La qualification évoluera au cours de l'instruction en « *violences volontaires ayant entraîné la mort sans intention de la donner.* »

À ce stade, l'enquête ne permet pas d'établir si le transporteur de drogue avait la volonté de tuer Damien Rouillier.

L'effroi

« Consternation et douleur après la mort du douanier », titre *La Nouvelle République/Centre Presse* du 26 mars 2011.

L'émotion est vive à Vivonne, où le conseiller municipal Damien Rouillier habitait. À Poitiers, ses collègues, épaulés par une cellule de soutien psychologique, sont sous le choc. François Baroin, ministre du budget et porte-parole du gouvernement, leur rend visite, moins de 24 h après l'accident.

Le ministre revient assister aux obsèques de Damien Rouillier, le 29 mars 2011. Dans un lent cortège funèbre, les collègues motards de Damien Rouillier escortent le cercueil *via* la N10 de Poitiers jusqu'au monument aux morts de Vivonne. Les commerçants ont baissé le rideau. Sergie Iciar, chef divisionnaire des Douanes à Limoges, dépose sur le drapeau tricolore enveloppant le cercueil la médaille d'honneur des Douanes. Un millier de personnes assistent aux obsèques. Dont plusieurs camarades douaniers venus de Marseille et de Belgique.

François Baroin embrasse l'épouse de Damien. Il prend dans ses mains la tête d'un de ses enfants. Voix grave et basse, il reconnaît que « *les mots sont bien faibles au regard du chagrin.* » Le ministre du budget ne peut qu'apporter la « reconnaissance de la République » pour la mort d'un de ses fonctionnaires en service. Il cite Damien Rouillier « à l'honneur de la nation. » Le douanier mort en service est promu chevalier de la Légion d'honneur à titre posthume.

Dans un silence pesant, six de ses collègues lèvent le cercueil pour le porter en l'église de Vivonne.

Sans radio

Que s'est-il passé sur l'autoroute A10 pour qu'un fonctionnaire des Douanes perde la vie lors d'une course-poursuite avec un transporteur de drogue ?

Quatre ans, jour pour jour, après le décès de Damien Rouillier, le 25 mars 2015, la justice est prête à juger Zohire Zaafari, Andy Camelo Ferreira et Sylvain Caron. Les accusés font face à une juridiction d'exception au palais de justice de Paris : la cour d'assises spéciale est seule compétente pour statuer sur les crimes commis en matière de terrorisme et de trafic de stupéfiants en bande organisée.

Créée en 1982, en remplacement de la Cour de sûreté de l'État, elle est composée uniquement de magistrats professionnels. Rappel des faits, personnalités des accusés, expertises techniques, psychologiques et psychiatriques, auditions des témoins… un procès d'assises est une loupe posée sur un espace-temps déterminé. Rien ne doit échapper aux juges pour qu'ils se forgent leur « intime conviction. » Cette recherche de vérité par les magistrats est intrusive. Ils n'hésitent pas à malmener le camp de la victime pour pointer du doigt des incohérences dans le mode opératoire des Douanes. Lors des débats, le diable se niche dans les détails.

Il y a notamment ce qui semblait être une anecdote lors de l'audition des collègues de Damien Rouillier : le jour du « go fast », les BMW ouvreuse et porteuse noires avaient quasiment la même immatriculation : deux « BJ » pour commencer ; un numéro 3 dans les chiffres et un « H » présent dans les deux cas. C'est l'ouvreuse qui devait être interceptée initialement. L'info est-elle mal passée ? Les douaniers, prévenus à Châtellerault, décident-ils finalement de contrôler la plus chargée ?

Mais une fois partis en chasse, les motards sont livrés à eux-mêmes. Pas moyen de les avertir de la méprise. Aucun contact entre eux durant cette intervention extrêmement risquée. « *À l'époque, nous n'avions pas de casques radio…* », avoue Emmanuel Mercier devant une cour d'assise spéciale de Paris médusée par cette information. Les Douanes ont remédié à cette lacune quelques mois plus tard. Mais l'affaire de la radio inexistante avait mis en colère les « gabelous » (le surnom donné aux douaniers) lors de la mort de leur collègue.

Les collègues de Damien Rouillier estiment que l'accusé a pilé volontairement à l'approche du rétrécissement de chaussée pour mettre à terre le motard.

« *Le collègue motard qui était derrière et plus loin a senti ce qui se passait et ce qui risquait d'arriver. Avec une radio, il aurait pu l'avertir !* » estime Éric Simon, délégué CGT et collègue de Damien Rouillier, dans les colonnes de *La Nouvelle République/Centre Presse*, fin mars 2011. *La radio, ça fait trois ans qu'on la demande. C'est pour ça qu'il y a beaucoup de colère.* »

Lors de la visite dans les locaux des douanes, à Poitiers, François Baroin avait d'ailleurs promis aux douaniers cet équipement, déjà installé sur les motos des policiers et des gendarmes.

Prise de risque

L'absence de radio pour les motards était une lacune. Et cette course-poursuite, était-elle nécessaire ?

Tour à tour, l'avocat de la défense, le président, l'avocat général et les juges tentent de faire dire aux douaniers qui défilent à la barre qu'ils ont peut-être pris des risques inconsidérés : « *Vous pouviez arrêter cette voiture à la barrière de péage ? Est-il normal de suivre une voiture d'aussi près ? Est-ce la procédure ? Vous ne vous ménagez pas une distance de sécurité ?* »

Emmanuel Mercier, le binôme motard de Damien Rouillier encaisse.

« *Non*, répond-t-il, *il n'y a ni procédure, ni distance réglementaire. Si j'avais été à la place de Damien, j'aurai fait la même chose. Et il serait à cette barre pour témoigner à ma place...* » Aux Douanes, il existe bien une distinction entre interception d'un véhicule et poursuite à vue. Éric Bur, chef douanier qui était en repérage à l'échangeur autoroutier de Niort le jour des faits, explique aux juges que le rôle des motards (trois au minimum) sur un « go fast » est de recueillir un maximum d'informations sur le véhicule mais pas de l'intercepter. Pourquoi Damien Rouillier collait-il autant la voiture porteuse alors ?

À plusieurs reprises, l'avocat général interroge ses collègues pour savoir si le douanier décédé en service n'était pas une « tête brûlée » ou un « cow-boy. » : « *Je suis convaincu qu'il ne voulait pas intercepter la BMW,* martèle Éric Bur. *La sécurité prime sur le reste. Et il était particulièrement attentif à la sécurité. Il voulait d'ailleurs être formateur dans ce cadre.* » Pas d'interception de la BMW, selon les Douanes. Mais la collision de la porteuse avec le motard était-elle volontaire ?

Masses cumulées

Un expert en accidentologie qui énerve un président de cour d'assises ? Oui, ça arrive !

« *Vous ne contribuez pas beaucoup à la sérénité des débats ! Si vous arrêtiez les digressions et vos commentaires personnels, ce serait beaucoup mieux* », lance le magistrat à Christian Audurand, ancien directeur général de la Sécurité routière, chargé de reconstituer le scénario de la collision. Pendant plus de 3 h 30, l'expert projette les juges sur l'A10 au point kilométrique 251+450 dans le sens province-Paris, sur la commune de Noûatre (Indre-et-Loire) le 24 mars 2011, à 10 h 20.

Dans cet espace-temps, la chaussée reprend sa vocation à double voie pour cause de travaux : un rétrécissement de chaussée de 248 m, matérialisé par des plots en béton et annoncé 400 m en amont. C'est ici, au bout du viaduc surplombant la Vienne, que le douanier motocycliste a été retrouvé inconscient sous la glissière de sécurité centrale. Au bout des graphiques et des mesures, il y a la réponse à une question centrale pour la défense : la qualification pénale. S'agit-il d'un homicide volontaire ou involontaire ? De la réponse des juges dépend la peine qui en découle. L'accidentologue démontre patiemment que la masse cumulée de la BMW et de la moto (2 407 kg) a enfoncé la glissière de sécurité centrale de 35 cm sur 10 m.

« *Pas un contact fugace* », estime-t-il en présentant une photo : celle de l'aile arrière-gauche et du pare-chocs de la voiture, déformé et arraché vers l'arrière. Cette protubérance qui dépassait le véhicule de 14 cm se serait accrochée, selon l'expert, à une barre de fixation de la moto… avant que Zohire Zaafari accélère.

Christian Audurand estime que ces effets cumulés (pression, vitesse) ont « désarçonné » Damien Rouillier. À cet instant, selon les données GPS de la BMW et les calculs réalisés, les deux engins roulaient à 109 km/h (81 km/h juste avant l'accident). L'expert n'a qu'une certitude, au vu de l'écrasement de la moto entre la voiture et la glissière : « *Le motard est arrivé au niveau de la voiture et il a essayé de passer. S'il était resté derrière, le pare-chocs n'aurait jamais été déformé.* » L'analyse surprend, car elle contredit tous les témoignages des douaniers passés à la barre, selon lesquels « *les motards poursuivent à vue, sans intercepter.* »

Un geste délibéré ?

Reste le coup de volant de Zohire Zaafari.

C'est un geste volontaire, selon l'accidentologue : « *Le déport de son véhicule à cet angle-là n'était pas nécessaire. Il a essayé de bloquer la progression du douanier. C'était délibéré. Mais il ne savait pas qu'il allait provoquer le décès du pilote. Si cette scène s'était passée ailleurs, sans glissière de sécurité, nous ne serions pas là. C'est un des supports de cette glissière qui a tué Damien Rouillier.* » L'enchaînement dramatique qui a suivi, aussi.

Au moment du choc, Damien Rouillier perd son casque. Une situation possible « *dans 25 % des cas, malgré la jugulaire à double boucle, le casque s'enlève lors d'un accident* », estime l'accidentologue. C'est un facteur aggravant dans les blessures constatées par les secours. « *Il présentait un traumatisme crânien facial avec plaies et contusions, des hémorragies méningées, un très important œdème cérébral et des contusions pulmonaires...* », détaille Pauline Saint-Martin, chef du service de médecine légale du CHRU de Tours, lors d'une visioconférence concernant l'autopsie du douanier.

Mais la blessure la plus grave constatée par les médecins réside dans le traumatisme cervical qui a entamé une section de la moelle épinière. « *Il y a eu disjonction entre le crâne et la première vertèbre cervicale. Les centres essentiels pour le fonctionnement de la respiration et du cœur sont situés à cet endroit* ». Le choc entre le crâne et le support de la glissière de sécurité semble être l'origine de ce traumatisme, le plus grave. « *Ça peut correspondre à un coup du lapin extrêmement violent* », affirme le médecin légiste.

La colère

Zohire Zaafari pleure.

Tête baissée dans le box des accusés, il ne peut regarder Barbara Rouillier. La veuve du douanier poitevin parle, entre deux sanglots, du mari aimant, du papa poule avec ses fils. D'artagnan exhibait les moustaches d'un homme affable et apprécié. Fonctionnaire méticuleux, gouaille de titi parisien, toujours prêt à rendre service.

« *Quand je suis partie travailler ce matin-là, jamais je n'aurais pu imaginer que c'était la dernière fois que je le voyais. Pourquoi ça lui est arrivé ? J'ai essayé d'être forte... pour les enfants. Et puis la douleur a continué. Je ne passe pas une journée sans penser à lui. Je ne sais pas si ce procès va m'aider à calmer ma colère.* »

Elle n'est pas la seule. Les mots de Danielle Rouillier, la maman de Damien, claquent dans la salle d'audience : « *Ce 24 mars 2011, tout a basculé par la faute de monsieur Zaafari. Il nous a pris Damien...* » La colère, encore... Celle du père, Alain, séparé de Danielle Rouillier depuis plusieurs années. Ici aussi, c'est une gifle lancée à la face de Zohire Zaafari. « *Il y a quatre ans, vous avez enlevé la vie de Damien. Volontairement. Pourquoi avoir assassiné un homme, un frère, un papa ? Pourquoi ?* » Zohire Zaafari s'excuse, tête basse : « *Je ne suis pas un assassin...* », murmure-t-il.

Le jeune homme est père de famille. Mesure-t-il la douleur de la perte d'un proche ? Il semble sincère, affecté. Mais il sait aussi, comme son avocat, qu'une requalification des faits d'homicide volontaire en involontaire peut lui épargner plusieurs années de prison.

Malgré les expertises, personne ne sait si son coup de volant, fatal au douanier, était volontairement mortel. « *Vous avez un avantage essentiel sur tout le monde,* estime l'avocat général. *Vous étiez seul sur les lieux. Même les témoins étaient partiellement présents. Vous êtes à la fois auteur et témoin...* »

Oui, Zohire Zaafari veut limiter sa détention. Mais sa conscience est déjà incarcérée depuis quatre ans. « *Je suis responsable de tout* », reconnaît-il face au président. Puis, face à la famille, il répète : « *Je vous présente mes sincères condoléances. Je suis vraiment désolé de ce qui s'est passé.*

Il n'y avait rien de volontaire. C'était un accident et je ne peux pas ramener votre mari, votre fils... »

« Permis de tuer »

C'est pourtant lui qui pilotait la puissante berline lestée de 420 kg de cannabis. Un pion selon Me Boussier, avocat de la veuve, de la mère et du beau-père de Damien Rouillier. Mais un pion volontaire.

« *C'est toute l'organisation de la drogue qui a tué Damien Rouillier. Zaafari, lorsqu'il avance à tombeau ouvert au volant de cette BMW, joue à la roulette russe avec la vie de Damien Rouillier. Le permis de tuer que Zaafari s'est octroyé, il faut le lui retirer.* »

Me Gaborit, conseil d'Alain Rouillier, le papa, enfonce le clou : « *Il n'est pas possible que vous n'ayez pas vu Damien Rouillier à votre hauteur, avec une sirène hurlante. À ce moment-là, votre comportement était une violence. Vous êtes l'unique responsable. Et vous tentez de vous faire passer pour une victime ? Il ne faut pas inverser les rôles !* »

Le coup de grâce est infligé par Me Delas, avocat de l'État : « *Zohire Zaafari est le seul à savoir ce qu'il a fait. Et il est impossible qu'il ait donné un coup de volant sans savoir.* »

Dans la salle d'audience, le silence tombe. Les cliquetis des menottes passées aux poignets de Zohire Zaafari sonnent la fin de cette journée d'audience. Le verdict est proche.

Comme un doute

L'avocate générale évoque une promenade en bateau en ce dernier jour de procès. C'est pourtant l'heure des réquisitions. Maryvonne Caillibotte requiert en naviguant sur la métaphore. Une promenade en bateau, donc. Cette escapade en Espagne entre trois copains de Beauvais. Embarquement tranquille dans un « go fast » excitant et insouciant. Avant les secousses en eaux vives sur l'autoroute A10. Et la chute d'eau, cet accident, fatal au douanier poitevin. L'image ne dure pas.

L'avocate générale se plonge dans le code pénal : « *Je suis dans l'incapacité juridique de dire si Zohire Zaafari a volontairement déporté sa voiture pour faire tomber Damien Rouillier. C'est la seule question qui reste posée à l'issue des deux semaines de débat.* » La seule mais la plus importante. « *Ils affirment ne pas voir, ni entendre le douanier. Je n'arrive pas à le croire. Il met un coup de volant brutal parce qu'il ne pense qu'à fuir. Qui, sur 18 m, en moins d'une seconde, peut dire si c'était un acte volontaire ? Le doute profite aussi à l'accusation.* »

L'homicide involontaire est retenu à l'encontre de Zohire Zaafari avec deux circonstances aggravantes : la conduite dangereuse et le délit de fuite. Douze années de réclusion sont requises. Concernant ses deux copains, l'avocate générale retient l'importation, la détention et le transport de produits stupéfiants en bande organisée.

Une « bande désorganisée » dira plus tard la défense, qui préférait l'association de malfaiteurs. Quatre années de prison ferme sont requises à l'encontre de Camelo Ferreira ; la même durée, dont un an avec sursis pour Caron.

Maillons faibles

En ce dernier jour de procès, la parole est à la défense.

Dans le prétoire, la plaidoirie de Me Antoine Vey s'inspire d'un proverbe italien soufflé par son mentor et co-associé, Me Éric Dupond-Moretti. Le ministre de la Justice sous la présidence d'Emmanuel Macron, encore avocat pénaliste à l'époque du procès, devait initialement défendre Zohire Zaafari. Me Vey ajuste sa toge face aux magistrats professionnels : « *Il faut que le vent souffle mais pas trop. Pour ne pas éteindre la lumière…* »

Le vent en question est celui de la peine infligée par la justice.

La lumière, l'espoir laissé à une sortie de détention la plus rapide possible.

L'avocat pénaliste parisien pose d'emblée un paravent pour protéger son client d'un soupçon de bande organisée : « *Lui, Zohire Zaafari, c'est la mèche que les commanditaires ont allumée. On ne les connaît pas, ils ne sont pas là. Oui, il est 100 % responsable, 100 % coupable. Mais pas responsable de ce qu'il n'a pas choisi. Une bande organisée ? Il a payé la voiture chez Avis avec sa carte bancaire ! Vous déciderez quelle est la peine juste. Le condamner à une peine inférieure aux réquisitions ne serait pas insulter les victimes. Assassin, ça vient du mot haschich. C'est le même mot. Mais ce n'est pas un meurtrier* ».

La défense fait front commun contre l'idée d'une bande organisée. Me Plouvier, défenseur d'Andy Camelo Ferreira, demande une confusion de peines pour son client incarcéré depuis mars 2011 pour d'autres affaires. « *Ce dossier est simple et compliqué pour la défense : oui, il était dans une voiture ouvreuse. Oui il convoyait du cannabis. Mais il ne répond pas aux critères de la bande organisée.* »

Me Bouaou, défenseur de Sylvain Caron, le seul des trois à comparaître libre, replace l'église au centre du village : « *Je ne m'explique pas son passage à l'acte et je ne vois pas la bande organisée. L'association de malfaiteurs, oui. Ceux qui se sont embarqués dans cette balade, c'est une bande de copains. Dans la chaîne logistique des stupéfiants, il y a trois règles : une mission bien définie, une hiérarchie et des maillons faibles, ceux qui sont sur la route. Quand ça va mal, ce sont eux qui se retrouvent devant la justice. Les personnes qui se trouvaient dans l'Audi, les commanditaires, ne sont pas dans le box des accusés.* »

Vers 19 h, les neuf magistrats professionnels de la cour d'assises spéciale de Paris viennent donner lecture du verdict : quatre ans de prison ferme dont deux ans confondus pour Andy Camelo Ferreira ; quatre ans de prison dont deux ans avec sursis pour Sylvain Caron, incarcéré à l'issue de l'énoncé.

Zohire Zaafari est condamné à neuf ans de réclusion.

L'entrée de la cour d'assises de Gironde, à Bordeaux.

TIR MORTEL

14 août 2007–
Poitiers (Vienne)/Bordeaux (Gironde)
«Bouge pas ! Bouge pas ! »

Une ombre ? Une silhouette, plutôt. Celle d'un homme sautant de toits en jardins. Un homme en colère. Habité par des démons intérieurs. Insaisissable. Impossible à raisonner.

Depuis l'appel à police secours, c'est le branle-bas de combat au commissariat de police de Poitiers dans la nuit du 13 au 14 août 2007, à 1 h 45.

Selon les premiers appels, il s'agirait d'un « différend familial. » Peut-être un coup de folie ? Ou une déprime violente sur fond d'alcool ?

Les premiers retours des policiers envoyés sur place sont plus inquiétants selon les forces de l'ordre. L'homme est désormais considéré comme dangereux et armé. Il vient de s'en prendre à sa compagne et à ses enfants, au 1er étage d'un logement, au carrefour avec la Grand'rue, à Poitiers.

Ainsi débute ce qui deviendra « l'affaire Massonnaud », l'un des dossiers judiciaires les plus polémiques du début du XXIe siècle à Poitiers. Douze ans de procédures, des milliers de pages d'enquêtes, d'expertises, de témoignages, de poursuites contradictoires. Douze années pour établir la vérité sur la mort d'un homme : Olivier Massonnaud, 38 ans, à l'époque. Mortellement blessé par une balle de 9 mm dans le ventre. Un projectile tiré par l'arme à feu d'un policier.

Il faudra tout ce temps et plusieurs rebondissements procéduraux pour que la justice détermine si cet acte relevait de la « légitime défense » ou d'une « bavure. »

La traque

Revenons dans la pénombre du quartier de la cathédrale, cette nuit d'août 2007.

Depuis l'appel au « 17 », la mobilisation des fonctionnaires de police est montée *crescendo,* comme c'est l'usage dans une alerte relative à un « forcené », la qualification donnée à l'époque par les policiers pour cette intervention à risque.

Les fonctionnaires de la brigade anti-criminalité (BAC) sont les premiers arrivés sur place. Ils découvrent un homme en colère à la fenêtre du 1er étage. Un homme en fureur, donc. Il vient de saccager l'appartement. Il jette dans la rue tout le mobilier qui lui tombe sous la main. Sa compagne et ses deux enfants, dont l'un est blessé au pied, sont parvenus à s'enfuir.

Il s'agit d'Olivier Massonnaud. Il exhibe un couteau en parlant de « se faire un flic » avant de se réfugier chez une voisine, au deuxième étage de l'immeuble. La jeune femme parvient à s'enfuir, elle aussi, après avoir été menacée avec un couteau.

La tension est énorme.

À partir de cet instant et jusqu'à la « neutralisation » de « l'individu » deux heures plus tard, seuls les policiers intervenants sont en mesure d'établir un récit des faits tels qu'ils ont été dévoilés lors du procès d'assises.

« *Il voulait nous tuer. Il courait avec deux couteaux en main*, raconte Thierry Dubois, premier à intervenir pour la BAC. *J'ai tiré la porte de l'appartement pour nous protéger. L'individu donnait des coups de couteaux dedans.* »

La scène aurait duré trente minutes.

Olivier Massonaud est alors décrit par les policiers comme un « fou furieux ». Un « dément » qui chantonnait qu'« *un bon flic est un flic mort.* »

Très alcoolisé (1,87 g. d'alcool par litre de sang) au moment des faits, cet homme n'a pourtant rien d'un fou. C'est un guide conférencier. Il a une vie stable. Nous sommes au début de son coup de folie. Après l'agression de sa compagne, de ses deux enfants et de sa voisine, pas moyen de le raisonner. Il s'enfuit par les toits et les jardins entre les rues Saint-Maixent et Saint-Fortunat. Il jette des tuiles sur les policiers en contrebas, dans la rue. Quasiment tout le commissariat de Poitiers, c'est-à-dire une dizaine de policiers d'astreinte cette nuit-là, est à ses trousses. Pâté de maisons bouclé !

Et tension extrême, insistent les policiers. « *On le suivait grâce aux traces de sang. Dans chaque jardin fouillé, on se protégeait les uns les autres. Il est dangereux.* »

Les armes sont dégainées des étuis. Les policiers n'ont pas de taser (pistolet à impulsion électrique). Quant au seul flashball (tir de balle de défense) disponible alors au commissariat, le brigadier-chef Jocelyn Chauveau-Godet, chargé de la traque, ne veut pas l'utiliser. Trop dangereux pour ses hommes et pour « l'individu », estime-t-il.

Dans cette longue nuit noire qui semble ne jamais finir, les dix policiers évoluent dans un environnement contraint pour cette « chasse à l'homme», qui ne dit pas son nom. Et l'arsenal technique n'est pas disposé à leur venir en aide. Les radios et lampes sont défaillantes.

L'information circule mal depuis le point de départ de l'intervention, rue Saint-Maixent. Là où Olivier Massonnaud s'est enfui par les toits. Il marche en équilibre précaire entre vieilles tuiles et toits en ardoises jusqu'au n°9. Il pénètre dans une maison de ville par un vasistas, pendant que les policiers cherchent sa présence à tâtons dans chaque maison de la rue.

L'adrénaline du début d'intervention fait place à un inquiétant jeu du chat et de la souris. Dans ce dédale de toits, de murets, d'appentis et de pelouses, Olivier Massonnaud est parvenu à fausser compagnie aux hommes à ses trousses. Pas pour longtemps. Il se trouve maintenant de l'autre côté du pâté de maisons. Caché contre une voiture, une petite Ford Fiesta, stationnée dans une courette de la rue Saint-Fortunat. Seul et recroquevillé sur lui-même.

Un signalement à « toutes les forces de police ». Elles débarquent aussitôt dans cette cour, arme au poing. Solide gaillard d'1,83 m et 100 kilos, c'est Thierry Ferrari dit « Enzo » qui découvre Olivier Massonnaud derrière la voiture en l'éclairant avec sa lampe-torche.

Enzo, c'est un franc-tireur. Un casse-cou.
« *C'est mon caractère, j'y peux rien* », dira-t-il au procès d'assises.

Au moment où il découvre l'homme le plus recherché de Poitiers, il s'avance seul. Sans appui direct de ses collègues. Mais il cherche le soutien de Gérard Motillon, Denis Favreau et Jocelyn Chauveau-Godet, ses premiers collègues arrivés dans ses pas. Quelques secondes à détourner le regard pour dire qu'il vient de « loger » le fugitif. Et la scène s'accélère : « *Il m'a foncé dessus, les poings tendus.* »

En protection, le brigadier-chef Chauveau-Godet sort son SIG-Sauer, l'arme de poing réglementaire des policiers. Denis Favreau aussi. Les quatre policiers parlent d'un « hurlement » d'Olivier Massonnaud. Ce que les policiers de la BAC présents dans les jardins aux abords de la scène ne confirment pas.

« *Bouge pas ! Bouge pas !* » hurle le brigadier-chef Chauveau en voyant sortir Olivier Massonnaud.

Trop tard.
Le marteau du SIG-Sauer, l'arme de poing du fonctionnaire de police, vient de percuter la cartouche 9 mm Parabellum.

Il vise « dans la bouteille », c'est-à-dire dans le torse d'Olivier Massonnaud qui s'effondre en râlant… « sale con de flic. » Les quatre policiers présents (et tous les autres interrogés depuis) sont persuadés qu'il est armé. *A minima* d'un couteau. Ils étaient déjà tous certains qu'il voulait « planter un flic. » Mais, Olivier Massonnaud n'avait pas de couteau sur lui.

Il est 4 h 30 et la vie de deux hommes vient de basculer. Celle d'Olivier Massonnaud, tué quasiment sur le coup, malgré l'intervention très rapide des urgentistes du SAMU. Ils avaient été appelés en amont par Jocelyn Chauveau-Godet, qui craignait pour la vie d'Olivier Massonaud, lors de sa fuite sur les toits.

Plus tard, le docteur Marie Lebeau, médecin légiste, confirmera l'entrée d'une balle de 9 mm tirée depuis le SIG-Sauer du policier à 5 cm à gauche du nombril de la victime. Un trou de 8 mm par lequel l'intestin grêle et l'aorte (qui amène le sang depuis le cœur) ont été perforés. Le projectile a ensuite touché la 4e vertèbre lombaire avant de sortir par un trou d'1 cm. Olivier Massonnaud est décédé d'une hémorragie abdominale massive.

L'enquête

Fin de la « chasse à l'homme » et début d'une quête de vérité judiciaire qui va prendre... douze ans !

Le procureur d'astreinte est réveillé en pleine nuit. Le magistrat décide d'ouvrir une information judiciaire pour coup mortel par personne dépositaire de l'autorité publique avec arme. Mais la thèse de la légitime défense est dans toutes les têtes.

Dès la levée du corps de la victime, tous les policiers soutiennent le tir de Jocelyn Chauveau-Godet, un chef respecté, « *consciencieux, professionnel, réfléchi, serein.* » Les investigations sont confiées à la police judiciaire (PJ) d'Orléans. Mais, curieusement, pas aux « bœufs-carottes », nom plus trivial donné à l'Inspection générale de la police nationale (IGPN). Ce sera le cas plus tard, à la demande du père de la victime.

Jocelyn Chauveau-Godet, le policier auteur du coup de feu, brigadier-chef du quart de nuit, n'est pas mis en examen. Il bénéficie du statut de témoin assisté et reprend son service au sein du commissariat. Dévasté. Comme la famille d'Olivier Massonnaud. En particulier son père, François, qui, jusqu'au bout, se battra pour faire reconnaître une « bavure. » Et luttera sans relâche pour réhabiliter la mémoire de son fils.

L'enquête, bien plus longue qu'à l'accoutumée s'agissant d'une affaire criminelle, suit son cours pendant dix-huit mois. Jusqu'à la reconstitution organisée le 27 janvier 2009. Deux logiques diamétralement opposées s'affrontent. Et personne n'imagine alors que cette bataille pour la vérité prendra encore dix ans !

À l'époque, Jean Damy, feu l'avocat défenseur du policier à l'origine du tir mortel, considère les choses comme limpides : « *Notre version n'a pas changé. Elle reste celle que nous avons décrite depuis le début. C'est un cas de légitime défense, c'est clair, je n'ai rien à dire de plus. Nous attendons maintenant la reconstitution.* »

La police dans son ensemble, par la voix des syndicats, fait bloc autour du brigadier-chef qui a tiré : « *Il a été dans l'obligation de faire usage de son arme pour éviter qu'un de nos collègues ne soit victime de cette personne démente.* »

Face à cette défense corporatiste, François Massonnaud organise la riposte par le biais de son avocat parisien. Maître Sur dégaine : « *Tout le monde à Poitiers protège le policier* », affirme-t-il en expliquant ne pas comprendre pourquoi il n'a pas été mis en examen : « *On a mis la charrue avant les bœufs. D'abord, on met en examen et, après, on regarde ce qu'il en est des faits. Il y a là un dysfonctionnement de la justice.* » L'avocat de la famille Massonnaud entend notamment vérifier, lors de la reconstitution, que le substitut du procureur, présent sur les lieux du drame, a bien entendu, comme il l'a dit, des sommations avant le tir du policier. « *Je garde espoir que la reconstitution mette en évidence la faute inexcusable de ce policier* », ajoute François Massonnaud. *Je compte sur l'indépendance et l'impartialité du nouveau magistrat.* »

Au journaliste, il réitère sa conviction que son fils a été victime d'une « bavure policière ». « *Quels ont été les torts de mon fils qui n'avait tué ni blessé personne ? En début de soirée, il en a eu, il est vrai, mais sans commune mesure avec ce verdict mortel. Ce soir-là, il était très dépressif et avait certainement trop bu. On n'a vu en lui qu'un dangereux forcené qu'il fallait mater coûte que coûte.* »

Légitime défiance

La reconstitution s'organise dans un quartier entièrement bouclé par la police, entre les rues Saint-Maixent et Saint-Fortunat, ce 27 janvier 2009. De 20 h 30 à 3 h. Les deux parties saluent une reconstitution « bien organisée ». Ce sera la seule concession. Pour le reste, chacun campe sur ses positions.

« *Non, il ne peut pas y avoir légitime défense, ça ne tient pas,* martèle Olivier Sur, avocat du père de la victime. *D'abord, ils étaient à un contre quinze, la plupart étaient armés, ils avaient des gilets pare-balles, lourds ou légers. Déjà, cette équation, à un contre quinze, ne permet pas de retenir la légitime défense, même si le gars est armé. Ce sont des professionnels qui doivent se maîtriser. Ensuite, on a la preuve qu'Olivier Massonnaud n'était pas armé. Il a avancé les bras en avant, dans une cour à la pénombre éclairée. Il se trouvait caché derrière une voiture, garée le long d'un mur. Il a donc dû cheminer dans cet espace réduit avant de sortir au grand jour. La force de la mise en situation,* conclut-il, *ne résiste pas à la construction juridique de la légitime défense. C'est un sophisme.* »

Me Jean Damy, avocat du brigadier-chef s'inscrit en faux : « *La reconstitution confirme la thèse de la légitime défense. Les policiers ont fait leur métier. Comment pouvaient-ils faire autrement dans cette situation ? Ce qui m'a impressionné, et on le verra très bien sur le film (tourné pendant la reconstitution), c'est la vitesse à laquelle tout cela s'est déroulé. Rien ne nous permet d'écarter de cette hypothèse la légitime défense.* »

Lesté de la reconstitution, le juge d'instruction doit établir si, oui ou non, il y a eu une faute. Et décider, le cas échéant, de renvoyer l'affaire devant des juges ou de prononcer un non-lieu.

Le magistrat rend sa décision en décembre 2009. Me Jean Damy, l'avocat du policier, est confiant : « *On s'achemine de toute évidence vers une ordonnance de non-lieu car le juge n'a pas trouvé d'indice grave et concordant de commission d'une infraction* ». En clair, le policier aurait agi en état de légitime défense. Et puis, insiste Me Damy, « *mon client n'a même pas été mis en examen* ».

Maître Sur, avocat de la famille Massonnaud, annonce son intention de demander un acte supplémentaire, sans en préciser la nature. Le procureur de la République a trois mois pour adresser ses réquisitions au juge. À l'expiration du délai, le procureur et les parties disposent encore d'un mois pour adresser au juge de nouvelles réquisitions ou des observations. Ce n'est qu'à l'issue de ce délai que le juge prendra une ordonnance de renvoi devant une juridiction ou de non-lieu.

Bref, pour le conseil de la famille de la victime, rien n'est joué. Et il doit composer avec l'insistance du père, François Massonnaud, 73 ans, qui ne supporte pas l'idée d'un non-lieu.

La douleur d'un père

François Massonnaud, médecin retraité, décide alors d'avancer un pion plus médiatique dans cette affaire. Mi-janvier 2010, il adresse à la rédaction de *La Nouvelle République/Centre Presse*, à Poitiers, un long courrier intitulé « Un père ravagé par la douleur. »

Le quotidien décide de le publier intégralement :
« *Rappelez-vous, dans la nuit du 13 au 14 août 2007, mon fils Olivier, âgé de 38 ans, père de deux enfants, a été abattu par un policier de Poitiers dans des conditions que je juge inacceptables. Ce fils n'avait auparavant blessé ni tué personne, et n'avait sur lui aucun objet qui ait pu être une arme lorsqu'il a été tué par une balle de revolver tirée à bout portant. Pour moi, cette mort ainsi décidée par ce policier est définitivement injustifiable et la légitime défense qu'il allègue, insupportable et indigne. Mon fils était, au moment des faits, en proie à une crise de grand désespoir accompagnée d'un état d'agitation qui, sans l'intervention de la police, se serait apaisée spontanément. Ce n'était pas, comme les policiers ont tenu à le prétendre, un « forcené » qu'il fallait abattre mais un désespéré qu'il fallait secourir. Une enquête a été menée par le SRPJ, c'est-à-dire par des collègues du policier qui a tiré, ce qui est pour le moins discutable en termes d'objectivité (c'est la gendarmerie qui aurait dû être chargée de cette enquête). Une instruction qui dure depuis 29 mois, menée par les juges d'instruction du tribunal de Poitiers, n'a, pas plus que l'enquête, jugé bon de remettre en question la sincérité des déclarations des policiers. Elle m'apparaît comme ayant été menée à charge contre mon fils, et non pas à charge et à décharge comme elle aurait dû l'être. Le juge Laurent a récemment signifié la fin de cette instruction en ne renvoyant pas le policier devant le tribunal. Pour moi, ce verdict du juge est une deuxième mort assénée à mon fils, mort morale après la mort physique, et un déni de sa vie. Ainsi ce juge considère implicitement que cette mort était justifiée et que, par conséquent, le policier a accompli*

sa tâche normalement; celui-ci n'a donc pas besoin d'en répondre devant la justice! Par des mots qui traduisent à la fois ma douleur et ma révolte, moi, ce père, âgé de 73 ans, dont le métier a été toute ma vie de soigner des malades pour les garder bien portants, dit s'interroger sur le fonctionnement de la police et de la justice, et sur les agissements de leurs représentants. Mon fils était un véritable humaniste, passionné par la vie et par ses enfants, ce n'était pas un voyou; il avait le droit de vivre comme tout un chacun. Ce policier en a « décidé » autrement, et continue à exercer sa fonction comme par le passé! Les deux enfants orphelins, eux, devront désormais assumer leur vie avec, dans la tête, le souvenir de la mort de leur père au cours de cette intervention policière dont ils ont été témoins. À ce jour, ils n'ont reçu aucun subside. »

Ce contre-feu médiatique ne se limite pas à la presse locale. Plusieurs titres de la presse nationale relaient l'affaire.

Le 17 mars 2010, la compagne d'Olivier Massonaud organise à Paris une conférence de presse avec la Ligue des droits de l'homme (LDH). Pour son président, Michel Tubiana, l'affaire est grave. Selon lui, le tir qui a tué en août 2007 Olivier Massonnaud, considéré par la police comme un forcené, s'est déroulé « dans des conditions fort éloignées de la légitime défense ».

Quant à l'instruction? « *Elle semble avoir été menée largement à décharge (du policier), comme d'habitude. Ça ferait jurisprudence si on reconnaissait maintenant la légitime défense au motif que quelqu'un était « peut-être armé* », ironise-t-il. *Qui plus est si l'on parle d'une arme blanche face à une arme à feu.* »

Me William Bourdon, défenseur de la famille Massonnaud ajoute: « *C'est un drame humain doublé d'un scandale judiciaire* ». Il juge la thèse de la légitime défense «imaginaire et mensongère».

François Massonnaud est évidemment présent à cette conférence de presse. Il enfonce le clou: « *Mon fils était dans une extrême détresse morale, il a été traqué par plus de dix policiers et abattu, alors qu'il était prostré dans une cour déserte, par des policiers armés portant des gilets pare-balles alors qu'il n'avait tué ou blessé personne et qu'il n'était en possession d'aucune arme.* »

Rebondissements

Maître Sur, l'avocat de la famille Massonnaud, avait promis une demande d'actes complémentaires. Plusieurs mois après cette conférence de presse, début novembre 2010, la chambre de l'instruction de la cour d'appel de Poitiers y répond favorablement. Elle ordonne au juge d'instruction d'effectuer l'audition et la confrontation des acteurs de ce drame en présence des avocats des parties civiles. C'est une petite victoire pour la famille Massonnaud. Avec cette décision, le juge ne peut plus clore le dossier d'instruction, comme il s'apprêtait apparemment à le faire, ni à prononcer de non-lieu en faveur du policier.

Quatre longues années passent avant que le dossier ne refasse surface dans la presse. Trois juges d'instruction ont vu passer le « dossier Massonnaud » entre leurs mains. Et le dernier en charge de l'affaire est prêt à rendre une ordonnance de non-lieu en faveur du policier.

Nous sommes fin janvier 2014. Le dossier revient devant la chambre de l'instruction de la cour d'appel de Poitiers.

« *Les juges d'instruction ont tous estimé que l'on se trouvait bien dans le cadre de la légitime défense*, insiste Me Patricia Coutand, avocate du policier qui succède à Jean Damy. *L'instruction a été longue, mais elle a été bien faite. On a fait tout ce qu'il y avait à faire dans cette affaire.* »

Le nouvel avocat du père de la victime, Me Éric Morain, estime de son côté que le policier n'aurait jamais dû tirer. « *Il n'était pas dans une situation de danger immédiat. Et il n'y a pas eu de proportionnalité dans sa réponse. On ne peut pas tout légitimer. Olivier Massonnaud n'était ni dangereux, ni armé au moment du tir du policier.* »

Sept ans après la mort d'Olivier Massonnaud, la chambre de l'instruction de la cour d'appel de Poitiers confirme la décision de non-lieu rendue par le magistrat.

« *Une décision sans surprise* », se félicite Patricia Coutand, avocate du policier. *Il n'a jamais été mis en examen dans ce dossier, tous les juges qui se sont penchés sur le dossier ont estimé qu'il était en situation de légitime défense. Il n'avait aucune raison de croire que l'homme était désarmé.* »

Me Éric Morain, avocat du père de la victime, annonce qu'il forme un pourvoi en cassation contre la décision qui vient d'être rendue : « *Elle montre combien il est difficile de poursuivre et de juger un policier en France…* »

Non-lieu annulé

Coup de théâtre en septembre 2015.

La Cour de cassation annule le non-lieu et renvoie l'affaire devant la chambre de l'instruction de la cour d'appel de Bordeaux.

« *C'est une grande satisfaction de voir que, pour la première fois, la justice va enfin pouvoir se pencher sereinement sur cette affaire qui aurait dû être dépaysée, c'est-à-dire jugée par une autre juridiction que celle d'origine*, se félicite Me Morain, défenseur du père de la victime, Olivier Massonnaud. *Il y avait un problème de proximité, on comprend qu'il est compliqué, pour la justice de Poitiers, de juger des policiers de la ville.La Cour de cassation relève une contradiction de motifs à propos du non-lieu rendu en 2014. Elle considère qu'on ne peut pas à la fois dire que la riposte est disproportionnée et qu'il était en état de légitime défense. Le premier critère de la légitime défense, c'est la proportionnalité de la riposte. Ce que nous voulons, c'est un procès public. Ce n'est pas de la vengeance.* »

« *Si la motivation est effectivement assise sur une contradiction de motifs* », rétorque Me Patricia Coutand, avocat du policier, « *cela n'exclut pas pour autant la légitime défense. C'est une question de motivation, nous aurons à en discuter.* »

Le 3 mars 2016, la chambre de l'instruction de la cour d'appel de Bordeaux infirme le non-lieu. C'est un énième rebondissement juridique dans cette affaire déjà vieille de neuf ans.

Le nouvel avocat du père d'Olivier Massonnaud, Me Franck Berton, salue une décision « courageuse », qui selon lui, rappelle que « *la légitime défense n'est pas la panacée des policiers* », et que « *le permis de tuer reste soumis au contrôle de l'autorité judiciaire* ».

L'avocate du policier, Me Patricia Coutand, persiste : son client « reste présumé innocent » et elle se dit « *surprise de cette décision qui n'est pas conforme à la jurisprudence de la Cour européenne des droits de l'homme et du citoyen sur la légitime défense putative.* »

En août 2017, les magistrats girondins confirment le renvoi aux assises du policier pour « *violences volontaires avec arme par un dépositaire de l'autorité publique ayant entraîné la mort sans intention de la donner* ».

La Cour de cassation est saisie d'un pourvoi par la défense. Il restera sans effet. Le procès aura bien lieu.

Le 11 février 2019, *La Nouvelle République/Centre Presse* consacre une page à l'annonce du procès à Bordeaux sous le titre : « Un policier de Poitiers aux assises pour un tir mortel. »

Les soupçons

Visage fermé, traits tirés, le policier Jocelyn Chauveau-Godet s'avance à la barre en ce premier jour de procès devant la cour d'assises de Gironde. Il fait face à neuf jurés populaires et trois jurés professionnels. Le procès s'annonce tendu. Dans la salle d'audience, il y a d'un côté les collègues policiers venus en soutien et la famille d'Olivier Massonnaud de l'autre. Le président de la cour d'assises de Gironde, Stéphane Rémy, donne dès les premières minutes, la parole au policier.

« *Dans mon geste, il n'y a pas de malveillance, pas l'intention de commettre un geste fatal...* », se justifie-il d'emblée.

Le fonctionnaire est mal à l'aise. Et une tension extrême transpire du procès qui débute. Les zones d'ombre alimentent la suspicion de la famille de la victime depuis douze ans.

« *Pourquoi le parquet n'a-t-il pas saisi l'IGPN à l'époque ?* » s'agace Me Patrick Maisonneuve, avocat des parties civiles. Il s'adresse alors à Robert Danielsson, le parquetier de permanence dans la nuit du 13 au 14 août 2007. Il était présent au moment du tir mortel.

« *C'était l'ordre de mon procureur* », répond le vice-procureur au tribunal de grande instance de Papeete (Polynésie), à l'époque du procès. Devenu témoin, le magistrat s'était dessaisi au profit d'un collègue.

L'enquête avait été confiée à la police judiciaire d'Orléans au lieu de l'IGPN (compétente quand il s'agit d'une infraction concernant un policier).

« *Et pourquoi avoir choisi cette qualification pour l'enquête de flagrance ?* », s'étonne encore l'avocat à l'endroit du procureur d'astreinte, « *une « tentative d'homicide volontaire contre des agents de la force publique » à l'encontre d'Olivier Massonnaud ? Alors que vous aviez constaté qu'il n'avait pas de couteau et que vous saviez qu'il était décédé ?* »

Silence.

Trois jours durant, en août 2007, la police judiciaire enquêtera pourtant sur cette tentative d'homicide de la victime sur les policiers avant la descente des « bœufs-carottes » à Poitiers... Oui, le soupçon pollue cette affaire depuis le début. C'est un poison, insidieux, qui s'infiltre dans les affaires judiciaires impliquant une personne dépositaire de l'autorité publique.

« *Porter plainte contre un mort, ça me paraît bizarre* », s'énerve François Massonnaud, à la barre de la cour d'assises de Gironde. Douze ans après les faits, il soupçonne toujours policiers et parquet d'avoir échafaudé la thèse de la légitime défense.

Le président de la cour d'assises sait qu'il ne fera pas l'économie des débats sur cette zone d'ombre. Il veut crever l'abcès. Il interroge les enquêteurs de la police judiciaire Poitiers/La Rochelle qui ont repris le dossier après leurs collègues d'Orléans.

« Vous faites une enquête sur une tentative d'homicide d'un homme décédé ? »

« *C'est le parquet de Poitiers qui a indiqué cette qualification. Ça me semblait approprié par rapport aux faits décrits avec un individu armé*, a répondu l'un d'eux. *Puis, il y avait co-saisine (implication) de l'IGPN.* »

Me Patrick Maisonneuve, avocat de François Massonnaud, s'agace : « *C'est à la suite de la plainte de mon client qu'il y a eu saisie de l'IGPN pour coup mortel !* »

L'officier de police judiciaire (OPJ) se défend : « *On a essayé de faire l'enquête la plus professionnelle possible…* »

François Massonnaud agrippe une barre en laiton présente face à lui. Prêt à bondir.

« *Ce que m'a demandé le parquet*, reprend l'OPJ, *je l'ai trouvé logique. Je n'avais pas à juger l'opportunité du parquet.* »

L'avocat général Pierre Nalbert se lève. Rouge comme sa robe d'entendre le ministère public injustement attaqué, selon lui : « *Le parquet a saisi le juge d'instruction sans avoir la plainte de la famille Massonnaud !* » tonne-t-il.

Me Laurent Franck Lienard, avocat du policier, s'énerve, lui aussi, « *mal à l'aise* », dit-il face à « *cette espèce d'écran de fumée qu'on veut mettre sur le parquet et la police.* »

« *Il valait mieux que ce soit éclairé !* » tranche le président Stéphane Rémy.

Furieux, l'avocat général Nalbert rallume son micro : « *Le parquet a fait le job dans cette affaire, quoi qu'on en dise. C'est une tentative de manipulation et on l'a fait croire à la presse !* »

La presse a le dos large mais elle a l'habitude.

Me Patricia Coutand, avocate du policier, en profite : « *Il faut savoir que la presse a révélé ce que François Massonnaud lui a dit. C'était son droit. De notre côté, nous avons toujours refusé. Mais il n'y a jamais eu un contradictoire.* »

C'est désormais le cas au procès d'assises.

Du côté de la défense, la suspicion est aussi prégnante. Une personne considérée comme un « témoin clé » est absente. Il s'agit de la plus proche voisine d'Olivier Massonnaud. Cette fois-ci, c'est le président qui se justifie face aux avocats du policier, visiblement agacés. « *On a essayé de la joindre mais elle ne répond pas… Visiblement, elle ne veut pas venir.* » Le président se refuse à la faire venir par la force : « *Je suis un peu sceptique, ce n'est jamais informatif. Et puis il faut mobiliser une escorte de policiers ou de gendarmes pendant une journée pour la ramener et sachant ce que ça coûte à la justice…* » D'autres témoins ont fait faux bond à ce procès. Même le responsable de l'enquête de l'Inspection générale de la police nationale (IGPN) est introuvable ! « *Mais on peut espérer le retrouver…* », croit savoir le président de la cour d'assises.

Antagonismes

Comment trouver la sérénité des débats quand deux visions antagonistes s'affrontent ?

François Massonnaud, le père de la victime, aux maxillaires durcis par douze ans de procédures judiciaires entre Poitiers, Paris et Bordeaux, espère faire reconnaître une « bavure policière. » En face, il y a ce policier apprécié de ses pairs qui risque vingt ans de réclusion criminelle si la notion de « légitime défense » n'est pas retenue. Sur les bancs, la « famille police » s'inquiète à l'idée de voir l'un des siens reconnu coupable de « *violences volontaires avec arme par une personne dépositaire de l'autorité publique ayant entraîné la mort sans intention de la donner* ». Et d'une inquiétante jurisprudence que cela pourrait supposer.

Jocelyn Chauveau-Godet est tout sauf un « cow-boy » dans la police. C'est un « très bon élément », selon ses collègues, formé au maintien de l'ordre dans les compagnies républicaines de sécurité (CRS). « *Enjoué, très curieux, posé, réfléchi* », égrène Jean-Luc Lagarde, ancien de la brigade anti-criminalité (BAC) de nuit, qui cite en exemple son plongeon pour sauver un délinquant de la noyade. « *Très posé, diplomate, tempéré, bienveillant, jovial* », reprend Frédéric Balaguer, ami de 30 ans. Un chef respecté, « *consciencieux, professionnel, réfléchi, serein* », dira un autre. « *Un homme posé, réfléchi, responsable*, confirme la psychologue Chantal Magnant qui a reçu le policier. *Il fait preuve d'empathie. Il est très ennuyé pour les enfants de la victime qui vont vivre sans leur père. Il n'accable pas la personne décédée. Il ne banalise pas. Il ne minimise pas.* »

Non seulement, le policier est affecté mais l'affaire semble avoir de profonds retentissements chez lui, selon le psychiatre, le docteur Paul

Bonnan : « *Il se considère dans une situation de punition, il ne pense pas être un criminel. Pour lui, son collègue était en grave danger. Il dit avoir mis en pratique ce qu'il avait appris. Il n'y a pas d'abolition du discernement. Il vit dans les conséquences de cette scène : état de stress post-traumatique, anxiété, cauchemars…* »

Alors, que s'est-il passé pour que ce chef de quart de nuit, rompu aux interventions compliquées, tire sur un homme désarmé ? Il y a ce témoignage neutre, c'est-à-dire hors police : « *L'ambiance était assez stressante,* confie Benoît Falaise, médecin urgentiste intervenu pour tenter de secourir Olivier Massonnaud. *Nous intervenions pour prendre en charge quelqu'un avec un comportement violent. C'était une situation exceptionnelle autant pour moi que pour les policiers.* »

Accusé ou héros ?

« *Bouge pas ! Bouge pas !* »

La voix est forte et la sommation résonne, glaçante, dans la salle d'audience de la cour d'assises de la Gironde. Me Laurent Franck Lienard, avocat de Jocelyn Chauveau-Godet, vient de lui demander de redire les mots prononcés quelques secondes avant le tir sur Olivier Massonnaud. C'est la conclusion d'un long monologue de l'accusé devant les jurés :

« *J'ai toujours été navré de ce qui s'était passé concernant la victime. Je ne suis pas rentré dans la Police nationale pour faire des veuves et des orphelins. Je n'ai pas compris l'après… ni comment je n'ai pas pu voir qu'il n'avait pas de couteau. Mais c'était après… Je n'ai pas menti. Je n'ai pas été voir mes collègues pour monter des versions.* »

Le policier le martèle : « *Si je tire, c'est qu'il est en train d'agresser mon collègue. Il est dangereux, il est armé. On me dit qu'il a blessé ses enfants. C'était la nuit. J'ai peut-être pas assez insisté sur le fait qu'on ne voyait rien. Je n'ai pas d'autres solutions…* »

Jocelyn Chauveau-Godet cherche ses mots : « *Je ne suis pas fier de moi. J'ai toujours répondu à la justice. Je n'ai jamais cherché à m'échapper. Je n'éprouve aucune fierté. Je n'ai pas eu d'autre choix que de le stopper, pas de le tuer. Je voulais dire que je regrette profondément. Pas mon geste. Juste les conséquences.* »

Les professionnels des techniques opératoires assurent qu'il a pris la bonne décision à la barre de la cour d'assises.

Alvaro Fernandès, chef du Centre national des techniques d'intervention de la Police nationale : « *Une personne armée d'un couteau peut tuer quelqu'un. Si elle fonce sur un policier, il fait usage de son arme à feu.* »

Benoît Bihel, formateur au Centre national de tir : « *Sa décision était la bonne. Il fallait s'assurer que le forcené ne fasse pas prendre de risques à d'autres personnes.* »

Selon le commissaire de police Pierre Pascaud, l'utilisation de l'arme de service SIG-Sauer était adaptée à cette situation.

« *En légitime défense, on n'a pas le temps de viser les jambes. En très peu de temps, on peut passer d'accusé à héros. Il a fait son travail, il a protégé ses collègues. On avait vu Olivier Massonnaud brandir des armes toute la soirée. Dans notre esprit, il ne faisait pas de doute qu'il était armé.* »

Seuls les policiers présents dans la cour au moment du tir ont vu ce qui s'était passé. Thierry Subercazes, expert pour l'Institut de recherches criminelles de la gendarmerie nationale (IRCGN) estime que Jocelyn Chauveau-Godet a tiré non pas à 3,60 m d'Olivier Massonnaud, comme il le pensait, mais à 2,30 m. « *Je suis allé au-delà de 2 m et, avec certitude, ce n'est pas à 30 cm.* »

François Massonnaud, père de la victime, se lève, dossier en main. Il a fait ses propres recherches auprès d'un expert balisticien indépendant. Selon lui, les traces de poudre découvertes sur la polaire de son fils accréditent l'idée d'un « tir entre 30 et 50 cm. » Une version contredite par l'expert en balistique appelé à la barre. Pour lui, les traces de poudre sont surtout des taches de sang. Le président réclame l'ouverture du scellé contenant ladite polaire. Mais ce n'est pas probant… Forcément, douze ans après les faits. « *Pour qu'il puisse tirer et tuer mon fils*, il n'était pas possible que ce dernier soit en attaque dynamique. Il a tiré directement sur mon fils », déclare François Massonnaud à la barre.

« *Ça contredit la version des quatre policiers ?* » l'interroge le président Stéphane Rémy.

« *Je ne dis pas n'importe quoi* », rétorque François Massonnaud.

« *Mais vous faites des hypothèses alors que vous n'y étiez pas ? Vous pensez que les choses se sont passées en deux temps ?* »

« *Le policier Ferrari trouve mon fils dans le fond de la cour. Il est assis par terre. Il le voit assoupi. Il l'éclaire 5 à 10 secondes et il reste immobile. Il a tout le temps de voir qu'il n'est pas armé. La distance du tir, ça m'est égal...* »

Rappelé à la barre, l'expert en balistique n'en démord pas : pour lui, Jocelyn Chauveau-Godet a tiré alors que le policier Ferrari était présent. « *Il a eu d'ailleurs une sacrée chance, M. Ferrari ! Moi, je suis catégorique, les situations de tirs sont possibles. La version de François Massonnaud peut exister, mais elle ne peut pas balayer les autres.* »

François Massonnaud accuse le coup.

Juste après avoir défendu sa vision balistique des faits, il se confie plus intimement :

« *Parler de mon fils, après l'intervention sur l'autopsie, ça me remue les tripes. J'ai 82 ans. Je suis ici sans ma femme. Parce que depuis que notre fils est mort, sa santé se dégrade. Elle meurt doucement. Quant à moi, ça fait neuf ans que je vis avec des insomnies. J'ai besoin de parler de mon fils de manière positive. C'était un garçon ouvert, actif, positif, accueillant. Il était cultivé et sportif. Exigeant et patient. Il était guide international et parlait plusieurs langues. Il était amoureux de l'histoire médiévale, curieux des civilisations anciennes et des religions. Il aimait la photo. Mais son art préféré était la musique. Il jouait de la viole de gambe et de la vielle à roue. Dans tout ce qu'il faisait, il y avait toujours une recherche du beau, de l'honnête et de l'absolu. Et c'était un ami sûr et fidèle. Il adorait ses enfants... après avoir été abattu comme une bête, il n'a pas pu leur dire adieu.* »

François Massonnaud éclate en sanglots.

« Vous vous doutez de l'impact du drame pour eux. La honte d'avoir un père dont on ne peut pas parler. La honte d'avoir un père tué par un policier… »

Archéologie mémorielle

Dans le huis-clos du drame, il y avait peu de témoins en dehors des policiers présents. Un seul en fait. Hélène Lampin, psychologue social, était la plus proche. Cette habitante de la rue Saint-Fortunat, malvoyante, avait ouvert la porte cochère aux policiers. Elle avait consigné par écrit ses souvenirs dès le soir des faits. Pour elle, notamment, «*la cour était très bien éclairée*» alors qu'urgentistes et policiers disent le contraire. Pour elle encore, il n'y a eu ni «hurlements» d'Olivier Massonnaud, «ni sommations» avant le coup de feu. À la barre, elle est mise sous pression par l'avocat général qui relève ses contradictions :

« *Vous n'avez rien vu de la scène. Vous êtes un témoin auditif. Le policier est forcément en tort, selon vous ?* »
« *Forcément est trop fort.* »

«*Est-ce que vous n'avez pas pris des hypothèses pour des faits ? Nous sommes devant une cour d'assises, madame : c'est ce que vous avez vu ou entendu, pas ressenti.* »
«*Je persiste à dire que la cour était correctement éclairée.* »

Me Patricia Coutand, avocat du policier, revient à la charge :
« *Vous avez peut-être un parti pris depuis le début ?* »
« *Oui, c'est difficile de rester objectif. Ce soir-là, beaucoup de trucs n'ont pas fonctionné et il y a quand même un homme qui est mort…* »
À cette mémoire subjective s'ajoutent celles qui ont flanché pour ce procès.

Douze ans après les faits, difficile de leur en vouloir. La vérité se heurte à l'épreuve de vagues souvenirs. Ce procès devient celui d'une improbable archéologie mémorielle.

« *Vous vous souvenez d'une phrase sur deux* ! » s'agace Stéphane Rémy, le président de la cour d'assises de la Gironde, à l'un des témoins de la nuit du 13 au 14 août 2007 au premier jour du procès.

« *Bah oui, c'était il y a douze ans !* » répond légitimement ce dernier.

Le lendemain, un artiste peintre, témoin depuis la Grand'rue et qui affirme être pourtant doué d'une excellente mémoire, lâche en réponse à la lecture de sa déposition par le magistrat : « *Si je l'ai dit, c'est que ça devait être vrai à l'époque. C'est un peu confus. J'ai dit ça ? J'ai des doutes sur la chronologie, je suis navré…* »

Au troisième jour, l'un des témoins clés, policier présent dans la cour de la rue Saint-Fortunat, déclare se souvenir d'un « Halte ! Police ! » prononcé à l'endroit d'Olivier Massonnaud. Le président le reprend, froidement : « *Vous n'avez jamais dit ça. Selon vos déclarations initiales, c'était « Bouge pas, bouge pas »* ? Le policier ne s'en souvenait pas.

Nouvel exemple avec un autre policier qui ne se souvient de quasiment rien. « *Si votre mémoire est défaillante et pas précise, ce n'est pas simple pour nous* », s'autorise à lui dire le président de la cour d'assises. Rebelote quelques minutes plus tard avec un autre fonctionnaire : « *Je ne m'en souviens pas… si je l'ai déclaré, c'est que c'est vrai.* » Et le président de commenter par un ironique « *si c'est pas précis, c'est pas précis…* »

Toutes ces amnésies n'ont rien de volontaire. Ce procès est un défi à la mémoire. La décennie écoulée est devenue une éternité au regard du stockage neuronal ! Qu'importe. La justice, dont les contradictions procédurales entre Poitiers, Paris et Bordeaux ont fait traîner ce dossier durant douze ans, oblige chaque témoin cité à dire par serment « toute la vérité, rien que la vérité. » Encore faut-il qu'il s'en souvienne !

À la veille du dernier jour du procès, Stéphane Rémy, président de la cour d'assises de la Gironde, propose les questions auxquelles devra répondre la cour :

L'accusé Jocelyn Chauveau-Godet a-t-il à Poitiers, le 14 août 2007, volontairement exercé des violences sur la personne d'Olivier Massonnaud ?

Les violences ont-elles entraîné la mort sans intention de la donner ?

Ces violences ont-elles été commises avec usage ou menace d'une arme ?

Ces violences ont-elles été commises en sa qualité de personne dépositaire de l'autorité publique ?

L'accusé bénéficie-t-il de la cause d'irresponsabilité pénale liée à la légitime défense (article R122-5 alina 1 du code pénal) ?

« Deux secondes »

Il fait beau et chaud en cette ultime journée d'audience à Bordeaux.

Voix forte et grave, verbe assuré, Me Patrick Maisonneuve, avocat de la famille Massonnaud, lance sa plaidoirie :

« *J'ai la conviction qu'on a voulu sauver le soldat Chauveau. Il ne s'agit pas de l'accabler. Mais il faut écarter la légitime défense. La suspicion a habité ce procès. La réponse du policier a-t-elle été proportionnelle à l'attaque d'Olivier Massonnaud qui n'avait pas de couteau ? Vous ne pouvez pas, sur la seule conviction, retenir la légitime défense. Si le ressenti permet de tirer, le permis de tirer peut se transformer en permis de tuer.* »

La plaidoirie des parties civiles pèse peu face à un ministère public qui refuse de poursuivre. Pierre Nalbert, avocat général, le confirme dans ses réquisitions : « *Je me trouve dans cette situation paradoxale d'un représentant de l'accusation qui ne soutient pas l'accusation. Le parquet n'a jamais considéré qu'il y avait lieu d'envoyer Jocelyn Chauveau devant les assises. Le parquet n'a pas voulu couvrir la police. Son tir n'est pas condamnable pénalement.* »

Les avocats de la défense enfoncent le clou. Pour Me Laurent Franck Lienard : « *Vous avez à juger deux secondes de la vie d'un homme. Ces deux secondes, c'est la prise de décision d'un policier. Ce n'est pas un criminel. La seule question que vous devez vous poser, c'est la légitimité de la perception de Jocelyn Chauveau. Il était raisonnable de penser qu'Olivier Massonnaud était armé. Dans ces deux secondes, il n'a pas commis de faute pénale, il a commis une erreur d'appréciation.* »

Me Patricia Coutand confirme : « *Jocelyn Chauveau-Godet est victime de l'injustice. Sa présence dans une cour d'assises est une injustice. Je ne peux pas laisser dire qu'Olivier Massonnaud n'était pas violent. C'était une évidence de penser qu'il était armé. Pour moi, l'acquittement est une évidence. Il n'a pas sa place devant cette cour d'assises.* »

Acquitté

Le silence. Pesant. Étonnant.

Ce vendredi 15 février 2019, après une semaine d'audience et douze ans de procédures judiciaires, les jurés décident d'acquitter le brigadier-chef de police Jocelyn Chauveau-Godet du tir mortel commis en août 2007 sur Olivier Massonnaud. Le soulagement du policier et de sa « famille » est indéfinissable. Après avoir salué rapidement ses (très) nombreux collègues du commissariat de police de Poitiers venus l'épauler toute la semaine, il quitte rapidement l'instance judiciaire. Sans commentaire.

« *Il n'a pas voulu s'exprimer parce que c'est un homme simple* », explique Me Patricia Coutand. *C'est un grand soulagement pour lui. Il est resté sans voix à l'annonce du verdict, estomaqué. Le temps avait été suspendu pendant toutes ces années. Il va pouvoir reprendre le cours d'une vie presque normale.* »

« *Il a fondu en larmes. C'est tout un calvaire judiciaire qui s'arrête définitivement. La fin d'une mésaventure judiciaire. Le dossier était évident en droit. La légitime défense allait de soi* », ajoute Me Laurent Franck Lienard, avocat du policier.

Présent sur place, Jean Prost, directeur départemental de la sécurité publique de la Vienne (DDSP) salue « *une décision juste parce qu'elle reconnaît la difficulté du métier de policier : le major Chauveau n'a fait que protéger son collègue et la justice a tiré les conséquences d'une nuit terrible.* »

Les jurés ont répondu positivement à toutes les questions posées par le président de la cour d'assises, Stéphane Rémy. Oui, le brigadier-chef a « volontairement exercé des violences » sur Olivier Massonnaud. Oui, il a donné la mort « sans intention de la donner ». Oui, il l'a fait « avec usage d'une arme » et il était bien « dépositaire de l'autorité publique. » Oui, enfin, la cour d'assises l'a fait bénéficier de la clause d'irresponsabilité pénale liée à la légitime défense : « *N'est pas pénalement responsable la personne qui, devant une atteinte injustifiée envers elle-même ou autrui, accomplit, dans le même temps, un acte commandé par la nécessité de la légitime défense d'elle-même ou d'autrui, sauf s'il y a disproportion entre les moyens de défense employés et la gravité de l'atteinte.* » En clair, cette nuit là, en tirant sur Olivier Massonnaud, qu'il pensait armé, menaçant directement l'intégrité physique d'un de ses collègues, le policier était dans le cadre de la légitime défense, ont estimé les jurés girondins.

François Massonnaud, père de la victime, acharné à réhabiliter l'honneur et la mémoire de son fils est resté silencieux, lui aussi. À peine le verdict énoncé, il a disparu du palais de justice de Bordeaux avec sa famille.

« *Je suis en total désaccord avec cette décision qui ne me semble pas justifiée en droit*, a estimé Me Patrick Maisonneuve en son nom. *Je ne pense pas qu'on pouvait faire état de la légitime défense. Mais le code pénal ne me permet pas de faire appel.* »

La foule se presse à l'ouverture du procès du meurtre d'Avanton, dans l'ancien palais de justice de Poitiers. L'un des rendez-vous judiciaires les plus marquants du début du XXIe siècle dans la Vienne.

POIGNARDÉE

9 juin 2014 – *Avanton (Vienne)*
« Maman, elle est toute rouge… »

C'est une présence infantile dans la rue d'un village. Une petite fille de 4 ans maculée de sang. À moitié dévêtue par la promesse d'un tendre coucher qui n'est jamais venu. Elle serre contre elle un doudou gris… souillé par la folie humaine. Cet enfant cherche du secours dans une rue d'Avanton lundi 9 juin 2014, vers 20 h. Errement solitaire inédit pour cette frêle icône insouciante terrifiée.

Avec ses mots, enfermée dans un réel terrifiant qu'elle repousse, elle fait confiance à son instinct de survie. Les questions résonnent dans ce petit crâne tamponné par les chocs d'une pression artérielle insoupçonnée jusqu'à alors.

Trouver un « grand ». Vite ! Aider maman. À l'école ? Oui, la garderie. Y'a toujours des grands. Il faut aider maman, elle va pas bien. Elle répond pas. C'est par la ? Oui… après le restaurant au panneau rouge et vert. Qui peut aider maman ?

— Madame ?
— Qu'est-ce que tu fais dehors toute seule, ma petite ?

—Maman... elle dort. Elle n'est pas bien du tout. Maman... elle est toute rouge. Il faut appeler l'hôpital... Papa, il est méchant, il a donné des coups de poing à maman jusqu'à ce qu'elle devienne toute rouge... »

« Madame » est une passante. La première à découvrir ce terrible drame, par ricochet. Dans le regard innocent de ce bout de chou traumatisé, il y a l'insoutenable vision d'une maman baignant dans une mare de sang, au rez-de-chaussée de la maison familiale, rue de la Garenne.

« *Elle dégageait une telle force, une telle lucidité. Elle voulait sauver sa maman. C'est terrible. Jamais je n'oublierai ce moment...* », raconte ce témoin aux journalistes de *La Nouvelle République/Centre Presse* arrivés sur place quelques minutes plus tard.

L'effroi inonde les rues du village de deux milles âmes où les sirènes à deux tons d'une quinzaine de gendarmes répondent aux lumières bleutées des gyrophares des pompiers. L'agitation ne dure pas. Dans le pavillon moderne, un silence de mort a déjà gagné la salle à manger. Les urgentistes ne peuvent rien faire pour ramener à la vie Marine Muccio, 26 ans. La jeune maman est décédée. Assassinée.

L'aveu

Quand les gendarmes et les urgentistes pénètrent dans le pavillon, le papa est aux côtés de sa femme. Il tente de protéger la cadette âgée de deux ans de l'insoutenable vision d'horreur. Le corps de sa maman baigne effectivement dans une mare de sang. Allongée dans la cuisine.

La scène de crime est gelée. Plusieurs hommes en blanc descendent du fourgon de l'identification criminelle. Le procureur de la République est attendu sur place. Dès sont arrivée, il supervise les premières investigations dans le cadre d'une enquête ouverte pour homicide volontaire.

Le mari, le papa, Raphaël Dogimi, 27 ans, a un alibi. Mais pour les militaires, il est le principal suspect. Extrait de la scène de crime, il est placé en garde à vue (GAV) dans les locaux de la brigade de recherches (BR) de la gendarmerie de Poitiers. Et il se mure d'emblée dans un profond silence. C'est son droit.

Dans toutes les affaires criminelles, les limiers de la « BR » savent que le temps de contrainte imposé par la garde à vue (GAV), les allers et retours entre la geôle et le bureau d'audition, les affirmations, dénégations, erreurs ou maladresses, finissent par payer pour la manifestation de la vérité. Raphaël Dogimi nie être l'auteur du meurtre. Il se réfugie derrière un alibi bancal. Franck Dantoing et Francky Pothier, les enquêteurs de la gendarmerie, vont le placer face à ses errements, le « cuisiner » pendant quarante-quatre heures. Il craque à la troisième audition, en pleine nuit.

« *Sa maîtrise était telle que je ne pense pas qu'il serait passé aux aveux si nous ne l'avions pas mis en face de ses contradictions* », affirmeront-ils plus tard, au moment du procès d'assises.

Le 11 juin 2014, Raphaël Dogimi est déféré devant le procureur de la République, Nicolas Jacquet. Ce primo-délinquant est mis en examen pour homicide volontaire par concubin. Ses premiers aveux sont détaillés par le procureur lors d'une conférence de presse : l'origine du drame ? Une altercation en fin de journée avec Marine Muccio, sa compagne. La dispute de couple aurait dégénéré, expliquant la terrifiante découverte dans la cuisine.

Raphaël Dogimi parle. Un peu. D'un couple en difficulté. D'une relation extra-conjugale. D'un premier coup-de-poing porté. D'une colère immense. Et puis d'un couteau dont il s'empare. Un couteau de cuisine. C'est avec cet outil qu'il frappe sa femme, la maman de ses deux filles. Un coup, puis deux, puis un trou noir… Quarante-deux coups de couteaux au total, dénombrent les médecins légistes.

Le magistrat marque un temps d'arrêt devant les journalistes : « *Il explique que sa petite s'est réveillée. Elle a alors pu voir sa maman décédée. La violence et le déchaînement des coups font que la victime a dû mourir extrêmement rapidement. Puis, il repousse son enfant et se lave. Il change de vêtements, met le couteau et ses affaires maculées de sang dans un sac dont il va se débarrasser en voiture aux abords d'un plan d'eau.. On peut penser que sa fille aînée a profité de ce moment pour aller chercher des secours…* »

Quelques mois avant ce drame, la jeune maman avait fait appel aux gendarmes, leur racontant qu'il l'avait saisie par le cou quand elle lui avait (déjà) reproché une relation extraconjugale.

« *Aucune trace de violence n'avait alors été constatée. Elle n'avait pas voulu déposer plainte* », termine le procureur.

Le magistrat annonce la saisine du service d'aide aux victimes (SAVI) pour accompagner les grands-parents. Un juge des enfants est également désigné pour accompagner les deux petites. Depuis cette funeste soirée, elles sont accueillies par les grands-parents paternels.

Des gens « normaux »

Comme souvent après un homicide, l'enquête de voisinage ne révèle rien. Le couple est décrit comme, « normal », « sans histoire ».

Leur intimité est plus trouble. Bancale.

Tous les couples sont-ils des modèles de réussite pour autant ? Non. Mais tous ne viennent pas noircir la rubrique faits divers des quotidiens de presse.

« *On les voyait peu,* raconte un proche voisin au journaliste. *La journée, ils n'étaient pas là. Les petites filles jouaient souvent dans le jardin de cette grande maison neuve.* »

En apparence donc, ce couple est parfait.

Sur l'échelle occidentale du bonheur, Marine Muccio, 26 ans et Raphaël Dogimi, 27 ans, avaient quasiment atteint le sommet : deux jolies petites filles, un PACS, une maison neuve construite, le monospace garé sur les graviers de la cour, un investissement locatif, une bonne situation professionnelle.

Raphaël Dogimi, 27 ans, est employé de banque à la Caisse d'Epargne. Il travaille dans l'agence de l'avenue de Nantes à Poitiers, après un passage dans celle de Chasseneuil-du-Poitou. Un employé de banque modèle, passionné de foot. Il excellait au poste d'attaquant à Jardres puis à Béruges. « *Sur le terrain, c'était une crème, raconte un ancien coéquipier. Je ne l'ai jamais vu prendre un carton.* » Raphaël Dogimi avait cofondé l'entreprise de bâtiment et travaux « Toit pour toi. »

Après des études au lycée Victor-Hugo de Poitiers, Marine Muccio avait travaillé dans une agence immobilière de Poitiers.

Non, vraiment, c'était un « *couple sans histoire* » répètent les voisins, abasourdis par ce crime perpétré à quelques mètres de chez eux.

Comment expliquer l'impensable ?

La reconstitution

Enquêteurs, magistrats et avocats comptent sur la reconstitution sur les lieux du drame pour en savoir plus.

Nous sommes huit mois après la découverte macabre. Raphaël Dogimi est extrait de sa cellule. La rue est barrée pendant six heures, les gendarmes empêchent l'accès du site aux journalistes. Dans le huis-clos de la reconstitution, on vérifie la concordance des déclarations et des constatations.

Tout le monde espère un sursaut d'émotion de l'assassin présumé.

« *Il ne conteste pas sa culpabilité* », annonce l'avocat de Raphaël Dogimi, Me Laurent Sillard, *mais il n'a toujours pas réellement expliqué le passage à l'acte. La dispute a dégénéré, elle a été très vive, car elle voulait partir avec les enfants. Ils se sont battus, elle aurait saisi un couteau, un bâton ou un morceau de rampe d'escalier et lui aussi a pris un couteau. Mais après, il a du mal à se souvenir. Il était abasourdi d'apprendre le nombre de coups de couteau donnés. Il ne se revoit pas faire ça, il ne se reconnaît pas dans ce geste. Ce qui est sûr, c'est qu'il n'y a pas dans ce dossier, une victime passive d'un côté et un forcené de l'autre. Il y a eu une espèce de coup de folie…* »

La folie comme mobile ? Impossible pour Me Thierry Zoro, avocat de la famille de la victime. Il attend aussi beaucoup de cette reconstitution. Pas tant pour les faits que pour observer l'attitude de Raphaël Dogimi : « *On va savoir aussi quelle position il adopte et quelle image il va vouloir donner de la mère de ses enfants. Va-t-il nous dire qu'elle l'a provoqué, qu'elle l'a agressé ? Va-t-il nous expliquer qu'elle était hystérique ou bipolaire ? C'était une jeune femme tranquille, d'une famille sans histoire et qui venait de retrouver un travail.* »

Rien ne filtre à l'issue de cette reconstitution. Secret de l'instruction oblige. Il faut attendre l'ouverture du procès devant la cour d'assises de la Vienne, le 11 janvier 2017, pour apprendre, à défaut de comprendre, l'insoutenable soirée.

Un procès bondé

Les deux policiers du commissariat de Poitiers affectés à la surveillance du procès ne sont pas de trop pour canaliser le public ! Il y a une foule inattendue pour cette audience publique. La petite salle d'assises de l'ancien palais de justice est bondée, avec des personnes debout. Les places assises sont tellement rares que les fonctionnaires confient recevoir des textos de citoyens pour une « réservation » de places ! Une demande systématiquement déclinée, mais qui démontre l'incroyable attrait pour ce rendez-vous judiciaire.

Est-ce lié à l'horreur du meurtre dont deux enfants ont été témoins ? À la médiatisation du fait divers ? À la personnalité de l'accusé ? Ce « monsieur Tout-le-monde », employé de banque parfait, qui bascule dans le crime ? « L'affaire Dogimi » provoque une affluence rarement connue. Au deuxième jour d'audience, face à la cohue constatée, les policiers menacent même de ne pas faire entrer le public !

C'est dans cette atmosphère pesante, électrique, que débute le procès de Raphaël Dogimi. Un procès sous tension pour la défense, assurée par Me Laurent Sillard. Dès le tirage au sort des jurés, il récuse trois jeunes femmes qui auraient pu s'identifier à la victime.

Au nom de l'Aide sociale à l'enfance, partie civile, Me Emilie Hay demande un huis-clos, dans l'intérêt des deux filles désormais privées de leurs parents : « *Elles sont actuellement placées avec des personnes qui sont plus grandes, qui ont accès à l'information. Nous aimerions éviter le plus possible des articles pour qu'elles ne découvrent pas l'histoire de leur famille en tapant leur nom sur Internet.* »

Les deux autres avocats des parties civiles, Me Cécile de Oliveira (famille paternelle de Marine Muccio) et Me Thierry Zoro (famille maternelle de la victime), l'avocat général et celui de la défense s'opposent à cette demande. Les juges considèrent que la publicité des débats n'est pas dangereuse pour l'ordre public. La demande est rejetée. Me Hay accuse le coup. Mais dans ce procès, elle ne sait pas encore que sa voix portera bien plus qu'elle ne l'espérait.

Des fissures

L'audience débute par la mise en contexte, l'anatomie d'un couple.

Comment expliquer la descente aux enfers du « couple parfait » ? Qui dira la vérité sur la jalousie supposée de Marine et les soupçons d'adultère qui pèsent sur Raphaël ?

À l'issue de cette première journée, l'accusé se défend : « *Marine a toujours eu des soupçons sur mon infidélité. Ce n'était pas le cas. Je ne l'ai jamais trompée pendant notre vie commune. On avait construit quelque chose depuis des années. Notre séparation, c'était du gâchis.* »

Reste que, entre les deux, au moment des faits, l'amour est en pointillé. Deux séparations en un an. On « trompe » l'amour de l'autre dans les bras d'une « aventure ». Les deux princesses servent de trait d'union, de pansement parfois, à cette relation chaotique.

Les proches du couple, appelés à témoigner, sont partagés. Le couple parfait ? Sans histoire ? Ce n'est pas ce qu'ils retiennent.

« *La reprise d'une vie entre Marine et Raphaël était une très mauvaise idée,* lance Carole, sœur de Raphaël Dogimi, aux juges. *Je savais que c'était une erreur. Les deux étaient violents à chaque séparation. Ma mère avait le sentiment qu'il y aurait une issue fatale pour l'un ou l'autre…* »

L'atmosphère de couple était-elle délétère ? Pascal, l'ex-beau-frère de Raphaël confirme : « *Marine avait dit plusieurs fois qu'elle en avait marre d'être avec un gamin. Quand ils se disputaient, c'était violent. Quand j'ai appris ce qu'il s'était passé, ça ne m'a pas surpris. Raphaël est quelqu'un de froid, qui ne ressent rien…* »

Un monstre ? Vraiment ? Ce n'est pas l'avis de Céline. Cliente de la banque, elle a été surtout la conquête de Raphaël, la veille du meurtre : « *Quand j'ai appris, ça a été un choc, un traumatisme. Pour moi, c'était quelqu'un de bien.* » Est-elle sûre d'elle ? Pas vraiment. L'avocat général l'interroge avec une arrière pensée totalement assumée :
« *Vous pensez qu'il aurait pu vous arriver la même chose ?* »

« *Oui* », répond-t-elle, à la surprise générale.

Charlyze, une copine de Marine Muccio, s'avance à la barre : « *Marine était blessée parce qu'il la trompait. Il n'arrêtait pas de jouer avec ses nerfs, de la faire tourner bourrique.* »

Puis vient le tour d'Olivier, une « aventure » de Marine : « *Il n'a pas accepté qu'elle s'émancipe dans sa nouvelle vie.* »

Une autre explication est avancée par Vincent, un voisin qui connaissait le couple : « *Ils essayaient de recréer une situation qui ne marchait pas.* »

En cette première journée du procès, l'avalanche de témoignages alimente chez les jurés une question centrale : qui est Raphaël Dogimi ? C'est l'une des clés du procès.

Très apprécié des clients et des collègues de la Caisse d'Épargne, certains ont cependant gardé le souvenir d'un homme « calculateur, carriériste et stratège. » D'autres le disent même orgueilleux. Est-ce parce que le conseiller bancaire était ambitieux ? Il envisageait, à terme, de prendre une direction d'agence.

Dans l'intimité, en revanche, il y avait Raphaël : le papa « *timide, réservé, discret, sérieux, responsable.* » Dans le box, l'accusé demande la parole. Il ajoute le mot « introverti ».

« *Je n'ai jamais eu beaucoup de copains. Il me faut du temps avant d'être à l'aise avec les autres.* » Et il tient à une constante, comme pour se dédouaner de sa présence dans le box des accusés : « *Éviter les conflits. C'est l'un des traits de mon caractère.* »

L'horreur

Silence morbide dans la salle d'audience de la cour d'assises de la Vienne.

Au deuxième jour du procès d'assises, c'est la plongée dans l'horreur de la soirée du 9 juin 2014. Barbe naissante, regard fixe enfoncé dans des orbites creuses, l'accusé du meurtre de Marine Muccio détourne le regard des photos de l'autopsie. Raphaël Dogimi découvre, dans un enchaînement circonstancié de faits, de preuves, de photos, de croquis pourquoi il est accusé d'homicide volontaire par concubin.

«*Marine Muccio baignait littéralement dans une mare de sang*», détaillent lentement Franck Dantoing et Francky Pothier, les enquêteurs de la gendarmerie. Le travail d'un morpho-analyste de l'Institut de recherche criminelle de la Gendarmerie nationale (IRCGN) permet de comprendre l'enchaînement de violences à travers les projections de sang.

Dans la salle d'audience bondée, un jeune du public prend une photo des croquis avec son téléphone. Il est expulsé de la salle d'audience à la demande de Katell Couhé, la présidente de la cour d'assises.

«*Et vous veillerez à supprimer la photo!*», intime-t-elle aux policiers.

Nul n'est censé ignorer la loi. Surtout quand un panneau signale l'interdiction de tous moyens d'enregistrement et de captations d'images dans une salle d'audience. Cette petite interruption de séance imprévue permet au public de prendre l'air. Une rapide bouffée d'oxygène dans la salle froide des pas perdus. Puis, un retour dans l'indicible: comment montrer quarente-deux coups de couteaux sur un corps?

C'est le travail de la médecin légiste du CHU de Poitiers, Tyffanie Houpers. Un dessin de corps anonyme flanqué d'autant de traits. Ce sont les plaies comptabilisées sur le corps de Marine Muccio. Raphaël Dogimi a utilisé deux couteaux: l'un de 11,5 cm, plié à 90° après s'être tordu sur le rachis de Marine Muccio. La lame a sectionné la moëlle épinière Le second, un couteau de cuisine de 20 cm, s'est avéré un redoutable outil pour une mitraille d'incisions sur le corps de la mère de famille.

Elle est méconnaissable. Neuf coups ont été portés à la tête, dont une avec la rambarde de l'escalier sur le haut du crâne. Les huit autres, avec le couteau de cuisine, ont occasionné deux fractures osseuses. Au carnage provoqué par les armes blanches s'ajoutent de multiples ecchymoses et hématomes sur le visage, le crâne, le front, la bouche, les bras, les jambes, le dos... Le légiste estime que la mort a été provoquée par

« *des lésions cardiaques et pulmonaires et une perte massive de sang induite par les multiples plaies.* » Tout le monde avait compris.

Le silence est rompu par des sanglots dans la salle d'audience. Une étudiante en droit perd connaissance en découvrant le rapport d'autopsie. Sa tête heurte un mur. Elle est évacuée par les pompiers à l'extérieur.

Reprise de séance.

Le public découvre que le « film d'horreur » qui s'est déroulé dans le pavillon d'Avanton n'a pas de bande-son. Comme si le bruit avait totalement disparu de la mémoire de l'accusé. C'est un échange entre la présidente et l'accusé qui permet de l'entendre :

« *Que s'est-il passé ?* »

« *Le ton est monté. Elle voulait partir à Nevers, elle aimait quelqu'un là-bas. Je ne voulais pas qu'elle parte avec les enfants. Elle s'est mise dans une colère excessive. Elle a pris la planche à découper.* »

« *Pourquoi cette planche ?* »

« *Parce qu'elle n'a pas géré sa colère. Elle a voulu me donner un coup. J'ai esquivé.* »

« *Quelle a été votre réaction ?* »

« *Je lui ai donné un coup-de-poing. Elle a jeté la planche par derrière. Elle me regarde et me dit que je vais le regretter en se dirigeant vers la chambre de la petite.* »

« *Vous comprenez quoi ?* »

« *Je me suis dit qu'elle allait tout faire pour que je ne voie pas mes gamines. Je voulais l'empêcher.* »

« *Vous pouviez la saisir par les bras ?* »

« *S'il y avait d'autres solutions pour la retenir ? Oui… J'ai pris la rambarde d'escalier et j'ai donné un ou deux coups sur sa tête. Elle s'est retournée, elle était vacillante. Elle s'est dirigée vers la porte d'entrée.* »

« *Qu'est-ce que vous faites ?* »

« *Je lui redonne un coup de rambarde dans le dos pour l'arrêter. Je lui ai tiré les cheveux, déséquilibrée, elle est tombée au niveau de l'îlot de cuisine. Elle était consciente.* »

« *Est-ce qu'elle crie ?* »

« *J'ai un problème de mémoire sur les bruits, je ne me souviens pas.* »

« *Elle est par terre et qu'est-ce vous faites après ?* »
« *Je m'approche d'elle. Elle prend un couteau à terre, le couteau à steak. Je l'ai désarmée, j'ai pris un couteau sur la table et j'ai porté des coups...* »

« *Des coups où ?* »
« *Je n'en ai aucune idée...* »

« *Plusieurs ?* »
« *J'ai pas l'impression mais visiblement, oui.* »

« *Qu'avez-vous fait après ?* »
« *J'ai pris un tapis sur l'étendoir à linge pour recouvrir Marine : je n'avais pas envie de voir. Il y avait beaucoup de sang, elle ne bougeait plus...* »

Un manipulateur ?

Raphaël Dogimi se souvient du début et de la fin. Mais pas des quarante-deux coups de couteaux. Est-ce possible ? Oui, selon l'expert psychiatre, Jean-Louis Senon : « *Il est fréquent qu'une personne se quitte elle-même, lors de violences extrêmes.* » Mais il y a le reste. Un mobile ?

« *Pourquoi avez-vous tué Marine ?* », l'interroge Me Cécile de Oliveira, au nom des parties civiles.
« *Je n'ai jamais eu la volonté consciente de le faire. C'est un enchaînement dramatique...* », répond l'accusé.
À cet instant, la salle d'audience a encore en mémoire les révélations faites par les enquêteurs le matin : des aveux tardifs, les vêtements et couteaux ensanglantés jetés dans un talus... Et il y a plus troublant encore.

Un mois après le crime, Raphaël Dogimi multiplie les appels téléphoniques à Myriam, sa maîtresse, (ce qu'il dément), une collègue de travail. Quarante coups de fils au total... alors qu'il est en détention provisoire au centre pénitentiaire de Poitiers-Vivonne !
« *L'écoute nous a stupéfaits,* reconnaît l'enquêteur Franck Dantoing à la barre. *Ils parlaient de la procédure, des moyens de faire pression sur les témoins, des dommages et intérêts à venir, de mariage et d'enfant...* »

Pour la première fois de sa vie, Raphaël Dogimi, lui, l'employé de banque modèle, le gentil papa, est à découvert.

Le psychiatre, Jean-Louis Senon, et la psychologue, Chantal Magnant, tombent d'accord pour tenter une explication : Raphaël Dogimi s'est construit sur une « faille » psychologique. Sans doute liée à l'angoisse d'un abandon dans son enfance. Ce 9 juin 2014, « *toutes ses défenses ont craqué et il a été incapable de se retenir* », affirme la psychologue.

La tension est à son comble en ce dernier jour de procès. C'est l'heure des plaidoiries des avocats des parties civiles, des réquisitions de l'avocat général et de la défense de l'accusé. Avant le jugement, rendu en soirée, par la cour d'assises de la Vienne.

Deux orphelines

C'est l'heure des plaidoiries pour les avocats des parties civiles et Me Emilie Hay ajuste ses lunettes rondes.

Le conseil de l'Aide sociale à l'enfance (ASE) intervient pour les deux orphelines. Elle est la première à prendre la parole. Et tout le monde gardera longtemps en mémoire cette plaidoirie aussi poignante qu'étonnante. Il s'agit d'une convocation hors du temps judiciaire. Comme une lettre imaginaire adressée à l'accusé, au papa, par la fille aînée de Raphaël Dogimi. Celle qui cherchait de l'aide dans les rues d'Avanton avec son doudou souillé par le sang de sa mère.

Me Emilie Hay se redresse pour éclaircir sa voix. La présence de sa voix douce, quasi cristalline, déstabilise la salle d'audience.

- « *Je m'appelle X, j'ai 6 ans et ma sœur X a 3 ans. Maman est morte, c'est papa qui l'a tuée. Ce jour-là, j'ai entendu papa et maman crier. Je suis allée voir et j'ai vu que papa tapait maman et qu'elle devenait toute rouge.* »
- « *Quand je suis descendue, maman était là, couchée par terre. Je lui parlais, mais elle ne me répondait pas. J'ai voulu aller chercher de l'aide. Je suis allée chercher ma sœur, dans son lit à barreaux ; j'ai essayé de lui mettre ses chaussures mais j'y arrivais pas, c'était trop dur. Je l'ai laissé là, assise dans le couloir, à quelques mètres de maman et je suis partie chercher de l'aide, avec mon doudou. J'ai couru jusqu'à mon école.* »

Raphaël Dogimi fond en larmes, la tête dans les mains. Pour la première fois depuis le début du procès, l'accusé laisse transparaître une émotion.

L'avocate poursuit. Et elle n'invente rien. Tous les faits décrits sont relatés dans le rapport d'enquête et les observations de l'Aide sociale à l'enfance.

• « *Une dame m'a vue et s'est occupée de moi. Je lui ai dit que maman était toute rouge et qu'elle n'arrivait pas à me parler. Après, tout a été très vite. Papa est parti en prison et ma sœur et moi on a été habiter dans trois endroits différents. C'était très effrayant, on était avec des adultes qu'on connaissait pas, dans des maisons qu'on connaissait pas. Dans la dernière maison où on vit, on est avec d'autres enfants, qui vont tous très mal. Parfois, ils pleurent et ils crient ; c'est difficile.* »

• « *Avec ma sœur, on n'arrive pas à rester seule dans une pièce, ça nous fait trop peur. À l'école, j'ai eu plein de problèmes parce que parfois je m'asseyais sur les copains et je mimais les gestes de papa, les coups de couteaux sur maman. Et puis parfois je décrivais aux autres enfants ce que j'avais vu... Maîtresse, elle me disait que je ne devais pas raconter ça aux copains car je leur faisais peur.* »

• « *Souvent j'ai mal dans ma tête, je dois la serrer très fort pour arrêter de penser à ça. Je fais des cauchemars, je vois maman avec ce visage que je ne reconnais pas, tout abîmé et tout rouge. Le visage de maman, il est pas comme celui de la photo que je garde dans la petite boîte transparente à côté de mon lit, cette photo que je conserve comme un bijoux. X aussi, elle fait des cauchemars, elle se réveille en hurlant. C'est impossible de la toucher tellement elle a peur.* »

• « *Moi j'appelle sur le téléphone de maman. Je sais qu'elle répondra pas, mais j'entends sa voix sur le répondeur... X, elle, elle voudrait qu'on ouvre la tombe de maman pour pouvoir lui faire un dernier câlin et lui dire au revoir. Les adultes, ils lui disent que c'est pas possible...* »

• « *Parfois, j'ai envie de mourir pour rejoindre maman au ciel. Je me pose toujours la question de savoir qui va me tuer, moi, quand je serai grande. Et puis, qui va venir dans ma chambre la nuit me caresser la joue quand je serai malade ou quand je ferai un cauchemar ?* »

• « *Qui va me préparer ma purée préférée ? Qui me fera de belles coiffures, me mettra du vernis sur les ongles pour aller aux fêtes d'anniversaire des copines ? Qui nous accompagnera aux sorties scolaires, comme le font les parents des autres copains ? Qui me dira que je suis la petite fille la plus intelligente et la plus belle de la terre ? Qui va m'apprendre à devenir une femme, une mère ?* »

• « *Comment je vais faire pour avoir confiance dans les hommes ? Et puis toute ma vie, quand on me demandera ce que font mes parents, est-ce que je devrais répondre que maman est morte et que papa est en prison parce qu'il l'a tuée ?* »

• « *Comment on va grandir ?*

• *Comment on va grandir, papa ?* »

Silence. Chaudes larmes sur les joues des jurés, de l'accusé, du public, des journalistes. La salle d'audience est en pleurs. Au-delà du crime, de l'enquête et du procès, l'éprouvante plaidoirie replace le sort de deux innocentes sacrifiées sur l'autel de la folie humaine. Condamnées à jamais. Ce sont elles les premières victimes de cette sordide affaire.

Pendant tous les débats du procès d'assises de l'affaire Dogimi, une administratrice de l'Aide sociale à l'enfance a pris des notes. Avec des mots choisis, elle racontera ce procès aux deux orphelines placées dans un village spécialisé. L'ASE leur mettra à disposition un dossier, consultable à leur majorité, sur le crime.

« On ne tue pas par amour »

Après ce moment suspendu par Me Emilie Hay, c'est presque un retour à la normale judiciaire dans le déroulé du procès. Les plaidoiries des avocats des autres parties civiles se succèdent.

« *Raphaël Dogimi avait la volonté de tuer Marine Muccio*, lance Me Thierry Zoro, la voix forte et claire. L'avocat de la famille maternelle ne croît pas aux circonstances atténuantes. « *Je veux bien qu'on plaide qu'il n'avait pas tous ses esprits. Mais qu'est-ce qui peut justifier un tel déchaînement de violence, un tel acharnement ? Le crime passionnel ? Et pour soutenir ce crime, on va vous dire que Marine était excessive, jalouse, hystérique, bipolaire ? Qu'elle l'empêchait de voir ses enfants ? Elle n'a jamais été bipolaire et il n'y a pas un seul exemple qui prouve qu'elle voulait le priver de ses enfants.* »

Me Cécile de Oliveira, conseil de la famille paternelle de la victime, poursuit. Et pour elle, l'accusé est un stratège : « *Il maîtrise parfaitement le récit de la mise à mort de Marine. Lui, le banquier, le bon négociateur, il propose un contrat en équilibrant l'actif et le passif. Je ne vous invite pas à signer ce contrat proposé par Raphaël Dogimi* », lance-t-elle aux huit jurés populaires. « *Il a une amnésie sur la scène du crime ? Il fait le choix d'effacer la bande-son. Il a construit son récit* a posteriori. »

L'avocate nantaise ne croit pas non plus au crime passionnel : « *On ne tue pas par amour. On tue par amour de soi, par orgueil. Pour mes clients, le son de la voix de Raphaël Dogimi est une torture…* »

C'est l'heure des réquisitions pour l'avocat général. Le magistrat Frédéric Clot requiert la réclusion criminelle à perpétuité à l'encontre de Raphaël Dogimi « *pour punir et garantir qu'il ne recommence pas.* »

- « *Il est responsable de ce crime. Un crime atroce qui révèle Raphaël Dogimi comme un être d'une singulière froideur. Il est quelqu'un qui ment tout le temps. C'est un crime sans nom et un crime absurde. On sait que le couple cohabitait, sans plus. Marine Muccio allait lui échapper dès le lendemain.* »
- Pour l'avocat général, la victime a été « *dépouillée, trompée, menacée et mise à mort.* »

Me Laurent Sillard encaisse. L'avocat de Raphaël Dogimi a l'expérience des procès d'assises. Mais il a le visage grave de ceux qui savent qu'il doit assurer une défense complexe. Deux heures de plaidoirie en demandant aux jurés une exigence de vérité permettant, espère-t-il, « une sanction juste. »

- « *Comment peut-on tuer sans mobile, sans raison ? J'essaye de vous rapprocher de la réalité, sinon à quoi servira ce procès de trois jours ? Si nous réduisons ça à quarante-deux coups de couteaux, nous sommes à côté de la plaque. Je pense que c'est un coup de folie, sans pathologie, ça relève du crime passionnel.* » Puis, s'adressant directement à l'avocat général : « *La peine que vous demandez est excessive. C'est une peine qui n'a aucun sens, aucune utilité. On peut guérir Dogimi…* »

La cour d'assises de la Vienne se retire pour délibérer. Plusieurs heures.

« *La cour !* », tonne l'huissier. Le vendredi 13 janvier 2017, en soirée, Raphaël Dogimi est condamné à vingt-cinq ans de réclusion criminelle. L'accusé est déchu de son autorité parentale à la demande du conseil de l'Aide sociale à l'enfance (ASE). Il est également condamné à verser plusieurs dizaines de milliers d'euros de dommages et intérêts aux parties civiles.

L'appel

Quelques jours plus tard, Me Laurent Sillard annonce l'intention de son client de faire appel de cette condamnation à travers un communiqué de presse : « *Bien que reconnaissant l'extrême gravité de ses actes, Raphaël Dogimi a décidé d'interjeter appel de la condamnation pénale et de la disposition relative au retrait de l'autorité parentale sur les enfants. Cet appel est essentiellement motivé par les réquisitions de l'avocat général tendant au prononcé de la réclusion criminelle à perpétuité, constituant la sanction la plus lourde du droit pénal français et réservée à des affaires particulièrement exceptionnelles. Nous avons considéré que ces réquisitions étaient inappropriées. De notre point de vue, ces réquisitions ont mécaniquement participé à la décision de la cour d'assises, à l'occasion de son vote, puisque le jury s'est prononcé à partir du maximum des peines encourues en droit français.* »

Le 19 septembre 2018, Raphaël Dogimi est extrait du centre pénitentiaire de Vivonne pour assister à son procès en appel. Son avocat, Me Laurent Sillard, n'est pas serein. Son client est jugé devant la juridiction de La Roche-sur-Yon (Vendée), une cour d'assises connue pour sa sévérité. Peu de temps avant, l'avocat affirmait pourtant à un journaliste : « mon client a changé. »

« *Il continue à suivre des soins, il a beaucoup travaillé, beaucoup parlé en prison avec la psychologue. Il a fait des progrès mais il recherche toujours une explication à son geste. C'est un crime sans mobile. Il est prêt à payer. Il est dans un sentiment de grande culpabilité. Il sait bien qu'il mérite une peine, mais une peine qui soit juste. Ce n'était pas le cas.* »

Dès le début de ce second procès, Raphaël Dogimi donne à la cour d'assises de Vendée une autre explication à cette décision : « *J'ai décidé de faire appel car j'ai discuté en détention avec d'autres personnes, et pour des faits similaires, ils ont eu des peines inférieures. Mon premier procès n'était pas équitable. Il n'y avait eu aucun témoin en ma faveur, ils n'avaient dit que des choses négatives sur moi. J'ai voulu que l'on entende aussi mes témoins.* »

Mais une fois encore, malgré l'autopsie d'un couple voué au naufrage, malgré un accusé moins arrogant qu'en première instance, Raphaël Dogimi peine à convaincre. « *À aucun moment je n'ai voulu donner la mort de manière consciente* », déclare-t-il en soulevant un murmure dans la salle d'audience.

Pire, il est à maintes reprises accusé d'être un manipulateur depuis le crime. Le centre pénitentiaire de Vivonne note d'ailleurs à propos de ses agissements qu'il a été pris en flagrant délit de détourner l'autorisation d'appels téléphoniques. Il y a eu aussi ce coup de fil pour parler à ses filles, un autre pour discuter du dossier et de sa défense avec sa maîtresse. Il profite aussi de l'accès à un ordinateur pour envoyer des messages et consulter des sites juridiques.

Et puis il y a son infidélité, décortiquée par la cour d'assises. Une fois de plus. Myriam, son ex-collègue et maîtresse, absente lors du premier procès parce qu'elle était enceinte, est présente cette fois-ci. Elle confirme aux magistrats qu'ils étaient bien amants avant la séparation de Raphaël Dogimi et Marine Muccio. Un an avant.

« *J'étais dans le déni de ce qu'il avait fait à l'époque, je suis maintenant plus détachée. J'assume ce que j'ai pu dire... mais je le regrette. J'étais amoureuse ! Il est reparti avec elle, puis il est revenu, et reparti ! Je suis perdue moi aussi à ce moment-là, je ne sais plus où est ma place. Après le meurtre, mon monde aussi s'est écroulé. J'ai compris ce qui s'était passé. J'ai bénéficié d'un soutien psychologique qui m'a aidée.* »

Elle décide de rompre totalement avec Raphaël Dogimi en septembre 2015 après une relation qu'ils avaient tenté de poursuivre en détention. Raphaël Dogimi lui avait confié vouloir lui faire un enfant...

Infidélité encore avec Céline, la cliente de la banque, qui ne comprend pas très bien la portée de la relation qu'il entretenait avec elle, quatre jours avant le meurtre : « *Il craignait pour ses filles* », livre-t-elle aux jurés. Raphaël Dogimi voulait-il les garder à tout prix ? Sans affect pour parler de Marine, un semblant d'émotion affleure à leur évocation.

« *Elles ont morflé, vos poulettes, monsieur Dogimi ?* » lance Me Hay, défenseur des intérêts des fillettes.

« *Oh putain ! oui…* » lâche le père en ravalant un sanglot.

Comme lors du premier procès, les avocats des parties civiles « tombent » les uns après les autres sur Raphaël Dogimi.

Me Hay martèle, de sa voix douce, la douleur de ses filles à travers son récit imaginaire.

Me Thierry Zoro regrette l'absence d'explications de l'accusé : « *Raphaël Dogimi nous laisse sur notre faim. Il ne nous dit pas tout… quand il ne nous ment pas.* »

« *Un calculateur,* selon Me Cécile de Oliveira. *Il tente de présenter un bon bilan, équilibré. Il nous dit qu'il est meilleur, qu'il a avancé, je n'y crois pas. C'est un stratège. Le détonateur de sa violence, c'est son orgueil. Marine va partir avec les enfants, Céline l'a éconduit, Myriam va refaire sa vie… Il n'a pas supporté.* »

Comme lors du premier procès, le même avocat général, Frédéric Clot, requiert la même peine. La perpétuité. « *Rien n'incline à modifier mes réquisitions* », insiste-t-il en considérant l'accusé comme un manipulateur aux oublis de circonstance, *« un menteur organisé et calculateur qui a poursuivi Marine jusque dans ses tentatives désespérées de fuite.* »

« *C'est Marine qui mérite votre pitié* ! », tonne-t-il. *La fermeté, c'est moi. Vous jugez un crime atroce que la Loi punit par la perpétuité !* » rappelle-t-il aux jurés.

Lourde tâche à nouveau pour Me Laurent Sillard. L'avocat tente d'infléchir l'impression de la cour d'assises sur son client : « *Ces coups, ce déchaînement, ils arrivent dans la moitié des homicides conjugaux, ça n'a rien d'exceptionnel. Vous pouvez prendre ce qui s'est passé comme un acte barbare commis de sang-froid, ou comme un acte commis dans un contexte compliqué, plus passionnel, par des gens ayant des fragilités. Il a été dépassé par tout ce qu'il avait dans la tête. Il n'avait aucune intention de commettre ce crime. Ne prononcez pas une peine d'anéantissement.* »

La cour d'assises de la Vendée a confirmé la peine : vingt-cinq ans de réclusion criminelle.

Un papa déchu

Le 18 mars 2019, Raphaël Dogimi avait de nouveau rendez-vous au palais de justice de La Roche-sur-Yon (Vendée) pour une audience sur intérêts civils et pour déterminer s'il pouvait conserver son autorité parentale.

« *Non* ! » a tranché Marie-Cécile Thouzeau, présidente de la cour d'assises de la Vendée en décidant le retrait total de l'autorité parentale.

« *La cour a estimé que malgré votre attachement pour vos filles, vous étiez dans l'incapacité de les protéger avant, pendant et après les faits* », a-t-elle précisé à Raphaël Dogimi, visage émacié.

Il était en visioconférence depuis le Centre pénitentiaire de Poitiers-Vivonne en compagnie de son avocat, Me Laurent Sillard.

« *Il est nécessaire de protéger vos enfants. Vous devez admettre que vous avez tué la mère de vos filles. Vous ne pourrez plus être le papa d'avant. Vous serez un père… mais différemment.* »

Il reste les deux orphelines. Et leurs traumatismes qu'une expertise médicale devra, à terme, mesurer.

« *Comment on va grandir, papa ?* »

L'une des dernières photos de Chloé Boissinot dans une rue de Paris.
Elle portait ces vêtements le soir du 13 novembre 2015
(©Photo famille Boissinot)

VICTIME DU TERRORISME

13 novembre 2015 – *Paris*
Chloé Boissinot

Ghandi voyait dans la vie « un mystère à vivre et non un problème à résoudre. »

Chloé Boissinot cheminait sur ce principe. Volontaire et entière. Passionnée et insouciante. L'histoire de sa vie, celle d'une jeune Poitevine « montée à Paris », n'aurait jamais dû croiser celle d'une mort violente à l'âge de 25 ans. L'entrelacs des histoires humaines a fait d'elle une victime du terrorisme. Tel le fracas d'ombres barbares portées sur une destinée innocente.

C'était le 13 novembre 2015, à la terrasse du *Carillon*, à Paris.

L'insouciance

À sa naissance, le mystère de la création avait décidé pour Chloé de la voir apparaître en second, juste après sa sœur jumelle, Julie.
« *Un bébé tranquille, une petite fille douce, parfois pleurnicheuse mais facile à vivre* », se souvient sa maman, Elisabeth Boissinot.

Chloé est née le 20 novembre 1989 dans la maternité du CHU de Poitiers. Elle vit une enfance tranquille et apaisée au milieu de ses cinq frères et sœurs. École maternelle Pierre-et-Marie-Curie, puis l'élémentaire Langevin-Wallon à Vivonne. Le collège, c'est à Couhé-Vérac, dans le privé, avant un bac ES au lycée du Bois-d'Amour, à Poitiers.

Chloé Boissinot « fait » sa communion solennelle. Plus pour faire plaisir à ses parents, croyants mais non pratiquants, que par conviction. Sa croyance à elle, elle la puise dans la protection de la nature. « *À chaque fois que nous partions en vacances, lors des randonnées en montagne, elle ramassait les déchets.* » Cette conscience écologique affirmée avait été confirmée lors d'un voyage scolaire, avec sa classe de seconde, à la centrale nucléaire de Tchernobyl (Ukraine), lieu du premier et plus grave accident nucléaire civil dans le monde, le 26 avril 1986.

Côté loisirs, la jeune femme pratiquait le volley-ball au club de Vivonne. Pas vraiment une passion. « *Essentiellement pour retrouver les copines* », corrige sa maman. « *Ce qu'elle aimait, c'était surtout construire des cabanes dans le jardin avec sa sœur* ! »

Le chemin adolescent s'estompe au profit des désirs d'une vie adulte. Sa première voiture est une Renault 5 achetée 200 €. L'instrument mobile de liberté a de l'herbe qui pousse à l'intérieur. Chloé en fume aussi lors des festivals. Elle est heureuse et sait ce qu'elle veut faire : un BTS au lycée agricole de Ruffec (Charente) autour du développement local et de la relation à la nature. À cette époque, elle veut ouvrir des chemins de randonnée dans les Pyrénées. Elle rencontre Nicolas, le premier amour de sa vie. Le seul aussi.

Elle prend son temps. Le temps de vivre, avant d'entrer dans les contraintes d'une vie active parfois étouffante. Une année de fac d'histoire sur le campus, à Poitiers, plus pour le fun que pour les études. Un petit appartement rue Charles-VII. La fête avec les copines. Un travail à l'*Arbre vert*. Un autre au *Super U* de l'avenue de Libération à Poitiers.

Et puis elle plaque tout pour rejoindre son amoureux, boucher-charcutier. Nicolas est à Paris. Leur logement n'est pas loin de la place de l'Obélisque. Elle trouve un travail au « *Cochon rose*, dans le XVe arrondissement de Paris. Au bout de deux ans, elle participe au lancement de l'épicerie du Verre volé, dans le XIe arrondissement. « *Elle inventait des sandwichs haut de gamme, avec de très bons ingrédients. C'est elle qui contactait les producteurs pour la viande, le saucisson, le jambon* », précise sa maman. Et elle choisissait aussi le fromage. Le 14 novembre 2015, avec son amoureux Nicolas, ils devaient justement rencontrer un producteur de fromages à Londres.

L'assassinat planifié

Au bout de trois années dans la capitale, la jeune provinciale avait trouvé sa place. Épanouie. Presque aussi insouciante que dans le jardin de la grande maison familiale du lieu-dit Fonrable, à Château-Larcher.

« *Elle ne s'interdisait rien, sortait beaucoup et buvait un peu trop à mon goût. Mais elle était heureuse* », se souvient Élisabeth Boissinot.

Oui, Chloé en profite. Et les longues soirées aux terrasses des bistrots font évidemment partie de l'équation parisienne.

Le 13 novembre 2015, après la fermeture de l'épicerie du Verre volé, la jeune Poitevine laisse son vélo devant l'enseigne. Elle part à pied rejoindre la terrasse du *Carillon*, rue Alibert, dans le Xe arrondissement. Quelques centaines de mètres pour rejoindre Nicolas et ses potes Ben et Rheda. Ce groupe d'amis est à l'image de la diversité française. Symbole de la tolérance malgré les différences culturelles et religieuses : un juif, un musulman et deux catholiques. En ce début de soirée, ils sont loin de se douter qu'une interprétation religieuse mortifère va détruire des centaines d'heures à construire ce précieux vivre ensemble.

C'est une soirée classique. Un apéro, puis deux. Généralement, ils commandent à manger en face, au *Petit Cambodge*, et poursuivent l'apéro dînatoire en terrasse du *Carillon*. Ce soir, ils n'auront pas le temps d'en profiter.

Entre deux éclats de rire, les quatre potes n'ont pas repéré trois hommes inquiétants dans une Seat roulant à faible allure. Ce sont des terroristes habités par le « djihad », une croisade qu'ils estiment « sainte. » Une guerre menée pour « propager ou défendre l'islam » contre ceux qu'ils nomment des « mécréants ». Vous et moi. Ces trois hommes font partie des commandos de neuf kamikazes équipés de gilets explosifs et armés de kalachnikovs qui attaquent Paris cette soirée-la.

Il est 21 h 25. Nicolas entend des claquements métalliques. Une fusillade. Il s'enfuit en courant, blessé au bras par des éclats. Ben saute sous la table de bar. Il voit Chloé Boissinot s'effondrer, mortellement touchée par trois balles de calibre 7,62 mm. Une rafale d'arme automatique. Tuée sur le coup. Assassinée.

En l'absence de témoins, la suite, c'est un membre de la police judiciaire (PJ) qui l'a racontée lors de sa déposition au procès des attentats de Paris, à la barre de la cour d'assises spéciale de Paris, le 17 septembre 2021. Pour l'enquêteur, arrivé à 23 h, avec six autres collègues, les terrasses du *Carillon* et du *Petit Cambodge*, portent un nom: la SDC 1, la scène de crime n° 1. C'est-à-dire la première tuerie de masse commise dans Paris intra-muros, le 13 novembre 2015. Nous sommes après les explosions kamikazes au Stade de France, en Seine-Saint-Denis. Et avant les fusillades à la brasserie *Bonne bière*, au restaurant *Casa Nostra*, à *La Belle équipe*, au *Comptoir Voltaire*. Avant aussi l'horreur perpétrée dans la salle de concert du Bataclan. Chloé Boissinot fait partie des cent trente morts des attentats de Paris qui ont aussi blessé trois cent cinquante personnes et en a traumatisé des milliers d'autres.

À la terrasse du *Carillon*, ce policier, pourtant rompu aux scènes de crime, marque un temps d'arrêt: « *Les premiers instants, c'était la sidération. Un enchevêtrement de corps, les taches de sang, les compresses, le matériel médical laissé… C'est une scène de guerre, tout simplement. On a mis le côté humain au fond de nous-mêmes et on a fait preuve de professionnalisme.* » Ces premières terrasses visées, ce sont treize morts, dont Chloé Boissinot. Dix autres personnes ont été grièvement blessées (urgence absolue) et douze autres plus « légèrement » (urgence relative).

Le policier recense les morts un à un. Mohamed puis Noémie, une jeune Américaine. Puis vient le 3e corps. À l'audience judiciaire, le policier s'interrompt. « *J'ai commis une erreur, je m'excuse auprès des familles.* » Ce 3e corps était celui de Chloé Boissinot, mais le sac à main qu'elle tenait était au nom d'une Aurélie. « *Nous avons été contactés par la suite par la famille Boissinot que j'ai rencontrée à l'institut médico-légal (IML). Nous avons eu des problèmes d'identification des victimes parce que les jeunes gens couraient et tombaient les uns sur les autres…* »

Au total, une quinzaine d'enquêteurs de la PJ et de la sous-direction antiterroriste (Sdat) ont travaillé sur place jusqu'à 8 h 30 le lendemain. Ils sont parvenus à découvrir que ces trois terroristes avaient fait un repérage dans leur Seat avant de revenir tirer sur les deux terrasses, à l'angle de la rue Alibert et de la rue Bichat: cent vingt et une douilles de calibre 7,62 mm tirées par trois Kalachnikovs en deux minutes. Chloé Boissinot a été mortellement atteinte par trois projectiles. Mais sa dépouille a été touchée à trente-six reprises par les rafales.

L'espoir anéanti

À Château-Larcher, ce 13 novembre 2015 est une soirée comme les autres pour Élisabeth Boissinot. La maman de Chloé attend patiemment les premiers signes d'un endormissement qui ne viendra jamais.

«*Mon mari est couché et je ne regarde pas la télévision. Dans la journée, j'avais accompagné mon petit-fils, avec l'école de Ligugé, au cinéma. J'avais eu des nouvelles de Chloé: elle devait partir à Londres le lendemain.*»

La soirée bascule dans l'angoisse vers 22 h 30.

«*La belle-mère de Nicolas m'appelle: «As-tu des nouvelles de Chloé? Il y a des attentats à Paris.» J'allume la télé. Mon mari se lève et on regarde. Mais je ne me sens pas concernée. Je ne savais pas que le* Carillon *était leur café privilégié... Au moment où je regarde, elle est déjà morte, mais je l'ignorais... J'appelle son téléphone. Celui de Nicolas. Mais personne ne répond. J'ai aussi appelé Julie en lui disant que Chloé était là-bas. C'est à cet instant que nous avons décidé d'aller sur Paris le plus tôt possible*, raconte Élisabeth Boissinot. *Je n'y croyais pas. Je n'ai pas dormi de la nuit. J'ai préparé la valise mais, à aucun moment, je n'ai pensé que Chloé était morte. Je pensais qu'elle était blessée et qu'elle ne pouvait pas donner de nouvelles. Quand nous avons fait la route, nous n'étions pas fébriles, angoissés. Nous montions à Paris chercher Chloé. Voilà tout.*»

Au moment où les parents Boissinot roulent sur l'A10, avec Julie et son ami, la rédaction de *La Nouvelle République/Centre Presse* apprend la nouvelle dans la journée du 14 novembre, *via* un message posté sur les réseaux sociaux par Jennifer, l'autre sœur de Chloé. Depuis la Nouvelle Zélande, où elle se trouve, «Jenny» vient de lancer une vaste recherche sur les réseaux sociaux pour avoir des nouvelles de sa sœur Chloé. Comme une bouteille lancée dans un océan immatériel, elle ne trouve pas d'informations rassurantes sur sa sœur. Mais, dans cette quête pour le moins anxiogène, elle découvre l'éclosion d'une humanité fraternelle en réponse à la barbarie. En quelques heures, une cagnotte est créée spécialement par des internautes pour qu'elle puisse se rendre à Paris, auprès de sa famille: 2 866 € récoltés pour financer ce voyage.

Quand Élisabeth Boissinot répond au journaliste ce samedi 14 novembre 2015, elle s'est déjà rendue au commissariat du XIe arrondissement.

« *On attend qu'on nous donne des listes de morts, des listes de blessés, nous sommes dans le noir...* », explique-t-elle à son interlocuteur. La maman se souvient « *des hommes en armes, des barrières, des fouilles* ». Paris est en état de siège.

« *On a donné le signalement de Chloé. Ils ont pris notre nom et notre numéro de téléphone. Mais pour moi, il était totalement impossible qu'un de mes enfants meure...* »

La famille décide de se séparer en deux groupes pour visiter les hôpitaux. « *Il y avait du monde partout. C'est à partir de ce moment que j'ai commencé à m'inquiéter. Les services étaient débordés. Ils ne savaient pas quoi faire des familles. J'ai commencé à perdre les pédales. Nous étions en train de nous promener à Paris sans savoir où était ma fille. J'ai pensé qu'elle était dans le coma...* »

Pas de trace de Chloé dans les hôpitaux. La famille Boissinot retourne à l'école militaire, lieu de rassemblement des familles touchées par les attentats de Paris, en fin de journée. Rien de plus.

Une policière questionne à nouveau : où était Chloé le vendredi 13 novembre au soir ? Comment était-elle habillée ?

« *Un prêtre était présent. Au fur et à mesure où ils retrouvaient des cadavres, ils venaient annoncer ça aux familles. J'ai pris conscience que c'était grave*, se souvient Élisabeth Boissinot. *Les familles éclataient en sanglots. On voyait les gens se décomposer, pleurer...* »

Une nouvelle nuit d'angoisse commence dans une chambre d'hôtel sans âme. « *Toujours rien sur le téléphone. Mais je ne pensais pas qu'elle était morte. J'ai vraiment gardé l'espoir jusqu'au bout.* »

La journée du dimanche 15 novembre 2015 s'étire sans fin dans les locaux de l'école militaire. Les proches angoissés y croisent Christiane Taubira ou Manuel Valls, venus soutenir les familles des victimes. Vers 17 h, un policier fait signe à Élisabeth Boissinot.

« *Il m'a dit : « On a retrouvé Chloé »... Tous mes espoirs ont été anéantis.* » L'échange du sac à main avec une autre victime est à l'origine de cette insupportable attente, une méprise, comme le confirmera l'officier de police judiciaire bien plus tard. Il est 18 h. La famille Boissinot sombre dans la douleur.

« Chloé Boissinot figure parmi les victimes » titre *La Nouvelle République/Centre Presse* le lendemain. La jeune femme est morte sous les balles de terroristes djihadistes. Victime d'un acte de guerre dans la vie civile. Alors qu'elle prenait un verre en terrasse.

Un choc collectif

Depuis la rédaction du journal, les journalistes témoignent d'une Vienne découvrant avec horreur les conséquences des attentats de Paris par ricochet, les heures suivantes.

Chloé Boissinot a été assassinée. Matthieu Giroud aussi. Cet agrégé de géographie, tué au *Bataclan*, enseignait à Poitiers au moment des attentats. Âgé de 39 ans, il était originaire de Jarrie (Isère), père d'un garçonnet de 3 ans. Sa famille résidait à Paris. Il avait débuté sa carrière d'enseignant-chercheur à Poitiers en 2003 et soutenu sa thèse de doctorat en 2007. Docteur de l'université de Poitiers, maître de conférence à Paris-Est-Marne-la-Vallée, étudiant à Poitiers du master migrations internationales, il était attaché temporaire d'enseignement et de recherche au département de géographie. Plus de cinq cents personnes rendent hommage au prof, lundi 16 novembre 2015, sur le campus de l'université de Poitiers.

Une autre famille poitevine a été endeuillée par les attentats de Paris. Raymond Moreau, cadre retraité du Crédit Agricole, et son épouse Josiane, fonctionnaire qui a fait sa carrière à la Préfecture, ont perdu leur petit-fils Franck. Au *Bataclan*, lui aussi. Ingénieur des travaux publics, Franck avait 33 ans. Il résidait à Paris.

Les attentats de Paris, ce sont aussi mille trois cents blessés.

Erwan Larher, romancier installé à Mirebeau, était l'un d'eux. Propriétaire d'une des plus anciennes maisons du bourg – le Logis du musicien –, lui aussi était présent au *Bataclan*. Il a été grièvement blessé à la hanche, lors du concert des *Eagles of death metals*. Auteur de six romans, il ne s'est livré qu'une seule fois, et sous sa plume, sur ce traumatisme.

Dans « *Le livre que je ne voulais pas écrire* » (2017), le romancier fait un pas de côté pour narrer une tranche de vie réelle, la sienne, dans un espace-temps apocalyptique débordant la fosse du *Bataclan*. Un livre rare, percutant, dont l'écriture incisive et un salutaire humour noir permettent de saisir la peur de mourir, la souffrance, la colère et la lente reconstruction après l'attentat. Sur la quatrième de couverture, Erwan Larher avait résumé simplement cette expérience traumatisante :

« *Il m'est arrivé une mésaventure, devenue une tuile pour le romancier qui partage ma vie : je me suis trouvé un soir parisien de novembre au mauvais endroit au mauvais moment ; donc lui aussi.* »

Lundi 16 novembre 2015, la France est sous le choc. Quarante-huit heures après les attentats, la province pleure ses morts.

À Château-Larcher, deux cents habitants se réunissent spontanément devant la mairie le matin. Ils pensent à Chloé Boissinot et à Frédéric Gervais, petit-fils de l'ancien maire Gaëtan Gervais, rescapé de la tuerie du *Bataclan*. Lui a eu le temps de sortir de la salle de concert. Indemne.

« *Aujourd'hui, on partage l'horreur. Nos coeurs saignent...* », soupire une habitante. L'horreur parisienne résonne dans les rues du village rural de 968 âmes. « *On jouait ensemble dans la cour d'école avec Julie, sa soeur jumelle,* se souvient Marie Joly, 26 ans, venue déposer une rose blanche. *Elle était toujours souriante. Au début, je n'y croyais pas et puis...* »

« *Il faut soutenir cette famille, c'est important,* explique Éliane Rivalière, une autre habitante. *Il faut être solidaire avec ce qui vient de se passer. C'est horrible. Il n'y a pas de mot pour décrire ça. Quand on a des enfants, on imagine que ça pourrait être eux.* »

Dans un silence pesant, le traumatisme d'un village porte un prénom : Chloé. La colère est sous-jacente. Prégnante. Corollaire de l'injustice ? Sans doute celle qui « abreuve les sillons » d'une Marseillaise improvisée par l'assemblée, à cet instant. Cette colère transpire dans les mots du maire, Francis Gargouil : « *Ils attaquent les jeunes, la liberté, c'est abominable. C'était une fille amicale, pacifique. C'est encore plus injuste. Maintenant, il faut passer aux actes. Depuis le mois de janvier (attentat de Charlie Hebdo), nous n'avons rien fait. Moi, l'état d'urgence pendant plusieurs mois, ça ne me dérange pas. Je suis en colère.* »

Partout, l'émotion déborde. On écrit sa douleur et sa révolte. Maud, comme des dizaines d'autres amis de Chloé, laisse ce message au journal : « *J'ai adoré partager ces années collège avec toi ! Tu étais une fille adorable. Ils t'ont pris, ils t'ont ôté la vie avec leurs armes ! Je pense tellement à toi, à ta famille, Julie, ta maman... Merci d'avoir fait partie de ma vie. Repose en paix, petit ange.* » Valérie : « *L'impensable est arrivé, Chloé s'en est allée ainsi que beaucoup d'autres innocents. Nous pensons à vous, à toi Chloé. Maintenant repose en paix. Tu seras l'étoile qui va illuminer notre ciel.* »

Les larmes coulent aussi dans des lieux inattendus.

Le 21 novembre 2015, juste avant d'entamer le match de 6e division élite féminine contre le club de Mauguio, le club de volley CEP Saint-Benoît se mure dans une minute de silence en mémoire de Chloé Boissinot, dans la salle du Gravion. L'entraîneur Guillaume Condamin est marqué : « *On a vécu un week-end difficile. Pour certaines joueuses et moi, ça l'a été particulièrement. Je connais personnellement la famille de Chloé Boissinot. J'ai entraîné sa sœur Émilie, qui était au club auparavant. Son frère Édouard nous apporte son aide le jeudi soir, pour faire de l'opposition face aux filles de mon groupe. J'ai aussi joué avec son autre frère, Pierre. Chloé, je la connaissais moins, même si je l'avais déjà vue plusieurs fois. Quelques-unes de mes joueuses connaissaient Émilie pour avoir évolué avec elle. C'est dur.* »

Au moment où se joue ce match, la boule emblématique du Futuroscope s'est teintée en bleu, en blanc et en rouge. Les couleurs du drapeau tricolore, en hommage aux victimes des attentats de Paris.

Viscéralement endeuillés

Les obsèques de Chloé se déroulent mardi 24 novembre 2015.

Initialement, l'église Notre-Dame-la-Grande de Poitiers devait accueillir cette cérémonie. Les églises de Château-Larcher et de Vivonne ayant été jugées trop petites pour accueillir les proches et la foule d'anonymes.

C'est finalement dans la cathédrale Saint-Pierre de Poitiers que se tient cette cérémonie poignante. Sous une pluie fine et glaciale, ils sont mille cinq cents citoyens à y assister.

« *Plus une place dans la nef principale, plus une non plus dans la partie ouest du transept puis dans les rangées de sièges ajoutées dans les nefs latérales*, relate la journaliste de *La Nouvelle République/Centre Presse. Une multitude de gerbes recouvrent le sol au pied de l'autel. Des fleurs blanches et surtout jaunes. C'était la couleur préférée de Chloé.* »

À l'entrée de la cathédrale, une photo en noir et blanc de Chloé est posée sur un chevalet. La jeune femme esquisse un signe de la main. Comme un au revoir tragique. Ou pour s'excuser de ne pas être là, bien vivante. Loin de ce cauchemar. Le cercueil en bois clair qui pénètre dans la nef renferme sa dépouille. Elle est suivie par une famille digne, unie dans la douleur et la tristesse. Tous portent un foulard ou une écharpe jaune. Une mélodie aux accents espagnols résonne. La messe est célébrée par le frère Jean-Didier Boudet, prêtre de la paroisse de la Trinité face à la famille et aux officiels, la préfète Catherine Barret, Jean-François Macaire, président de la région, Catherine Coutelle la députée et Alain Claeys, député-maire.

Il y a surtout la foule des anonymes. Comme Édouard. Il a bien connu Chloé.

« *C'était la joie de vivre incarnée, elle avait toujours « le smile ». Elle m'a accompagné dans des moments difficiles, quand je n'avais pas le moral, je ne conçois pas qu'elle soit là* », dit-il en regardant le cercueil.

De chaudes larmes coulent sur les visages marqués au moment d'accompagner Chloé pour son dernier voyage.

Les impôts de la colère

Le temps du deuil n'efface ni la douleur, ni la colère d'une maman qui vient de perdre l'un de six enfants. Six mois ont passé.

Élisabeth Boissinot sort du silence. Sur sa page Facebook, elle s'insurge des conditions de détention du terroriste Salah Abdeslam : « *Je ne veux pas que mes impôts servent à défendre celui qui a assassiné ma fille, ma Chloé* », écrit-elle. Elle vient d'interpeller le président de la République en menaçant de ne plus payer ses impôts. La raison de cette colère ? Alors que Salah Abdelslam bénéficie de l'aide juridictionnelle, Élisabeth Boissinot doit prendre en charge les honoraires de l'avocat qui l'assiste. « *Allons-nous nous incliner devant des lois qui favorisent les assassins ? Allons nous payer leurs avocats ?* », demande-t-elle dans une tribune largement reprise dans de nombreux médias nationaux.

Torturée par un chagrin inouï, Élisabeth Boissinot découvre à cette occasion la caisse de résonance médiatique. Elle en apprend les codes, la portée symbolique. Elle s'en sert aussi comme d'un outil thérapeutique pour conjurer son inconsolable douleur. Miroir cathartique des émotions projeté vers un cheminement chaotique de résilience.

Le 10 mai 2016, elle accorde une interview à *La Nouvelle République/ Centre Presse.* À l'époque, elle est furieuse de découvrir qu'elle est la seule victime à s'indigner d'avoir reçu la déclaration d'impôts de sa fille disparue. On lui réclame 900 €.

« *Ce n'est pas la somme qui me met en colère, mais qu'on ait l'audace de demander à ceux qu'on a tués de payer leurs impôts. Les impôts de ma fille. Je vais les payer, de même que nos impôts, ceux des Boissinot. Mais ils vont servir à la défense de l'assassin de ma fille. Je ne m'insurge pas qu'il dispose d'un avocat, qu'il puisse se défendre. Mais je m'insurge que ce soit avec notre argent. Nous, nous payons notre avocat, nous n'avons pas pris un ténor du barreau parce que nous n'en avons pas les moyens. Je suis étonnée que personne ne se soit rebellé en constatant que ce sont nos impôts qui servent à défendre ceux qui nous attaquent, on les arme nous-mêmes. C'est se moquer des cent trente victimes décédées et des nombreux blessés qui voient ça et dont la vie est à jamais bouleversée.* »

Élisabeth Boissinot décide de payer les sommes calculées à partir des deux déclarations de revenus 2015. Mais pas au Trésor public. « *Je vais les mettre sur un compte où ils seront bloqués et je souhaiterais qu'une loi soit votée pour exempter les victimes d'attentats de payer leurs impôts. Quand on est soupçonné de terrorisme, on ne doit pas pouvoir être défendu par l'argent des Français. C'est mon cheval de bataille. Et je ne peux pas envisager de continuer à vivre dans un pays où les terroristes focalisent toute l'attention, et ont – à la limite – plus de valeur que les victimes.* »

Depuis l'hommage national aux victimes, le 27 novembre aux Invalides, le président de la République, François Hollande avait insisté sur la présence du pays aux côtés des victimes. Mais la mère de Chloé estime, elle, que les familles des victimes sont laissées seules. Elle sera partiellement entendue : à l'issue d'une cérémonie d'hommage à toutes les victimes des attentats commis en France, en septembre 2016, le Président de la République annonce une réforme du système d'indemnisation des familles des victimes

In memoriam

Le temps passe, mais le souvenir de sa fille ne se négocie pas. Perpétuer la mémoire de Chloé est devenu un impératif pour Élisabeth Boissinot. Même en dehors du département.

Le 20 novembre 2016, elle répond à l'invitation de la commune de Chef-Boutonne (Deux-Sèvres) pour la plantation symbolique d'un arbre, en mémoire de Chloé, dans le parc du château de Javarzay. Chloé avait réalisé une étude sur l'édifice pendant son cursus scolaire. Le journaliste lui demande comment elle arrive à vivre son deuil : « *Je n'ai pas de réponse. Vous avez envie de pleurer. Vous n'avez plus le droit de chanter. Je laisse mon corps parler. J'ai l'impression de ne plus avoir de pouvoir sur ma vie. C'est le chagrin qui prend le pas* ».

À ce moment-là, Élisabeth Boissinot avance comme elle peut, en tentant d'évacuer cette haine : « *Je n'en ai pas vis-à-vis des terroristes. Ils n'ont pas de conscience, pas d'esprit. Nous sommes dans un monde très dur. Il faut s'entraider. Il faut accepter les gens comme ils sont. J'ai deux autres filles, deux garçons et cinq petits-enfants. C'est pour cela que je ne peux pas baisser les bras. Tout à l'heure, nous allons rejoindre les enfants pour fêter l'anniversaire des jumelles. Sur le gâteau, nous avons fait écrire Julie et Chloé. Comme si elle était là. Elle sera associée à nous jusqu'au bout de notre vie. Je suis fière de Chloé. C'est une héroïne. Avec les autres, ce sont tous des guerriers, des combattants. Ils sont tout là-haut, quelque part.* »

Dans un cheminement de deuil, il y a parfois la beauté d'un geste croisé sur la route de la douleur. Le 3 novembre 2017, un appel est lancé par élisabeth Boissinot à un mystérieux musicien à travers les réseaux sociaux, relayé dans les colonnes de *La Nouvelle République/ Centre Presse*.

Au cours d'une visite sur la tombe de sa fille, dans le cimetière de Château-Larcher, Élisabeth Boissinot découvre un trombone. Un mot a été laissé dans un boîtier CD. « *C'est un monsieur très timide. Il dit avoir arrêté de jouer le jour de l'attentat. Il a dû connaître Chloé. Il va chantonner ou siffloter, de temps en temps, près de sa tombe et c'est un moment de recueillement pour lui.* » La lettre était signée d'un C avec un tréma. « *Normalement, il y a un tréma sur le e de Chloé, est-ce cela ou l'initiale de son nom ? Je l'ai remercié sur Facebook. J'espère qu'il continuera à m'écrire. C'est une belle histoire…* »

Élisabeth Boissinot souhaitait que ce mystérieux musicien vienne jouer le 11 novembre 2017. Mais le musicien anonyme reste dans l'ombre pour cette date particulière.

Plaque commémorative

Depuis plusieurs mois, et malgré la réticence de certains anciens combattants, le maire Francis Gargouil a décidé de poser une plaque sur le monument aux morts. C'est une simple inscription, sobre : « Aux victimes du terrorisme, Chloé Boissinot, 13 novembre 2015 ». Elle est dévoilée à l'occasion de la cérémonie de commémoration de l'armistice de la fin de la Première Guerre mondiale.

« *Nous voulions rendre hommage à Chloé et, à travers elle, à toutes les victimes du terrorisme. L'idée forte est que cette disparition demeure dans les mémoires, c'est pour ça que nous avons choisi d'installer cette plaque sur le monument aux morts* », se justifie le premier magistrat de la commune, en répondant aux critiques. « *Mourir face à un commando armé de kalachnikovs, qui sont des armes de guerre, mérite qu'on fasse évoluer la loi.* »

Élisabeth Boissinot est touchée par ce geste. Tout ce qui peut contribuer à faire vivre la mémoire de sa fille Chloé est une bénédiction.

« *Lorsque le maire est venu me voir pour me faire part du projet, ça m'a bouleversée. Vous savez, la commune, les élus nous ont beaucoup entourés depuis deux ans, nous proposant l'un des endroits les plus jolis du cimetière pour y faire reposer notre fille, en nous permettant de planter un olivier à proximité de sa tombe… Et cette plaque, c'est un nouveau geste qui me touche infiniment parce que je n'ai qu'une peur, c'est qu'un jour, on oublie Chloé, on oublie toutes les victimes des attentats. J'ai beaucoup de peine de voir son nom sur un monument réservé aux gens qui ont fait la guerre, mais en même temps, c'est une fierté de me dire que la commune a reconnu que Chloé a été tuée pendant un acte de guerre. C'est un bel hommage pour elle. Ça m'aide un peu de me dire qu'elle n'est pas morte sur la route, seule, mais avec d'autres…* » La municipalité castelachardienne veut aussi rebaptiser la place du monument aux morts en « Square Chloé ». L'initiative est saluée par la maman.

À cet instant, elle se prépare à l'idée de rencontrer Salah Abdeslam, seul survivant des commandos terroristes qui ont attaqué Paris, le 13 novembre 2015.

« *Je rencontre la ministre de la Justice le 28 novembre, pour lui faire part de cette demande et d'un projet de loi qui porte sur l'obligation pour les terroristes, tel Salah Abdeslam, de rembourser – après avoir été jugés – les frais consacrés à leur défense. Ça me fait mal de savoir que c'est mon argent et le vôtre qui sert à défendre l'assassin de ma fille.* »

Terrorismes

Cinq années ont passé depuis les attentats du 13 novembre 2015. Depuis la cérémonie du 11 novembre 2017, Élisabeth Boissinot s'est recentrée sur elle-même. Elle tente de reconstruire une vie amputée d'un membre de sa famille. Silence radio dans les médias.

La Nouvelle République/Centre Presse la recontacte trois ans après la cérémonie du 11 novembre 2017 organisée devant le monument aux morts de Château-Larcher. Le journal a eu vent d'une indiscrétion. L'organisation, par la préfecture de la Vienne, d'une cérémonie d'hommage aux victimes du terrorisme le 11 mars 2020, conformément au décret du 7 novembre 2019. La manifestation doit avoir lieu en présence d'une centaine de personnes devant le monument aux morts de Château-Larcher. Le choix du village, qui a perdu l'un de ses enfants dans les attentats du 13 novembre 2015 à Paris, ne doit évidemment rien au hasard. Il y a Chloé Boissinot, morte sous les balles terroristes. Mais un autre habitant du village a, lui aussi, été touché dans sa chair par le terrorisme islamiste. Il s'agit de Thierry Prungnaud. Il sera invité d'honneur.

Cet ancien membre du Groupe d'intervention de la Gendarmerie nationale (GIGN) s'était illustré dans l'assaut contre les preneurs d'otages du vol n° 8969 Air France (173 passagers sauvés) à Marignane, près de Marseille, le 26 décembre 1994. Deuxième gendarme à entrer dans l'avion pour libérer les otages, il avait été grièvement blessé. Il avait « neutralisé », comme dit l'armée pour ne pas dire « tué », deux des quatre terroristes du Groupe islamique armé (GIA) présents dans la carlingue. Il en avait blessé un troisième, avant d'être lui-même grièvement touché par sept balles et de survivre à l'explosion d'une grenade lancée à 80 cm de lui.

L'ancien du GIGN refuse qu'on associe son traumatisme à celui d'une victime du terrorisme :

« *Si j'ai été blessé, c'était au cours de mon travail. Chloé Boissinot a été tuée par une rafale de kalachnikov alors qu'elle était en terrasse d'un café. J'évite de me mettre dans le même lot.* »

Cette retenue n'enlève rien au parcours étonnant de ce militaire. Âgé de 64 ans au moment de la cérémonie d'hommage, Thierry Prungnaud, né à Poitiers, a fait son service militaire au 57e RI à Souge avant de rejoindre le premier régiment présidentiel à la Garde républicaine. Il intègre le GIGN en 1980 avant de le quitter dix-huit ans plus tard.

Mais le GIGN et les actes terroristes restent à jamais ancrés dans son histoire incarnée par Vincent Elbaz dans le film *L'Assaut* (Julien Leclercq, 2011). Le grand écran n'a jamais pu occulter des séquelles payées au prix fort : sept balles de kalachnikov reçues dans le corps et une grenade explosée dans le dos. Il vit encore aujourd'hui encore avec des dizaines d'éclats dans le corps et une balle toujours logée dans l'épaule. Le militaire a passé près d'un an à l'hôpital avant d'opter pour une retraite anticipée à l'âge de 42 ans. Mais le terrorisme le poursuit.

Son filleul, Philippe B., était dans la colonne d'assaut du GIGN contre les frères Saïd et Chérif Kouachi, auteurs de l'attentat commis au siège de *Charlie Hebdo* le 7 janvier 2015. Retranchés dans l'imprimerie de Dammartin-en-Goële (Seine-et-Marne), le 9 janvier 2015, les frères Kouachi avaient été abattus par les hommes du GIGN.

L'épilogue d'une traque entamée après la tuerie de masse contre *Charlie Hebdo*: douze personnes assassinées (onze blessées, dont quatre grièvement). Ils s'appelaient Frédéric Boisseau, Cabu, Charb, Honoré, Tignous, Wolinski, Elsa Cayat, Bernard Maris, Mustapha Ourrad, Franck Brinsolaro, Michel Renaud, Ahmed Merabet.

Une lente acceptation

À la terrasse du café *Maëva*, son « quartier général de thérapie», à Poitiers sud, Élisabeth Boissinot retrouve ses copines tous les matins depuis la perte de son enfant. Elle semble apaisée en cette froide journée de novembre 2020.

«*Je suis en phase de guérison*, confesse-t-elle. *Je pleure moins et je n'ai plus cette rancœur, cette rancune. Je m'apaise et ça apaise mes enfants. Mais pour ça, il me faut voyager, quitter la France et la Vienne. J'arrive du Sénégal. J'ai été en Afrique du Sud, en Turquie, en Jordanie, en Égypte. Je ne visite que des pays musulmans. J'ai besoin de les rencontrer. Je discute du Coran avec des musulmans qui n'ont rien à voir avec la lecture terroriste d'un texte religieux.* »

Depuis le 13 novembre 2015, la haine répondait à la douleur pour cette maman atomisée par l'insoutenable.

«*J'ai essayé les psychologues, ça n'a rien donné. L'alcool non plus. Le fait de me confronter aux musulmans m'aide. À la mort de Chloé, j'étais aveuglée dans un amalgame entre musulman et tueur. Vraiment, je regardais tous ces gens méchamment. J'étais dans une colère embarrassante pour tout le monde. C'est la rencontre avec une femme, une Kabyle, chez elle, qui a tout changé. Je ne veux pas rester dans un esprit négatif. Ce sont les musulmans qui vont m'apporter la paix, c'est fou à dire. D'ailleurs, quand j'ai visité la mosquée d'Ammam (Jordanie), j'ai ressenti une paix intérieure. J'étais apaisée!*»

Elle veut toujours rencontrer Abdelslam : « *Je suis en train de lui écrire pour lui dire : « Tu as tué ma fille. » « Je veux le rencontrer, le regarder pour qu'il me connaisse, pour qu'il voit ce qu'il a détruit. Je n'attends pas grand-chose du procès. Il sera condamné... puis libéré dans vingt ans.* »

Quelques jours plus tard, avant le cinquième « anniversaire » de la mort de sa fille, Élisabeth Boissinot se confie davantage lors d'une interview.

— Comment allez-vous cinq ans après ?

« *Je ne vais pas dire mieux mais j'avance. Il y a des choses que je n'arrive pas encore à faire : écouter de la musique ou chanter. Je commence et puis je me dis : « Non, tu n'as pas le droit. J'ai toujours cette petite arrière-pensée qui me dit « attention, tu as perdu ta fille ». Mais j'avance. C'était soit ça, soit la mort.* »

— Vous avez suivi le procès des attentats de Charlie ?

« *Non, pas plus que les attentats qui ont eu lieu depuis. Je vais vous dire un truc horrible : je m'en fous. C'est mon ressenti. C'est ce que la France, les gouvernements attendent : que ça continue. J'ai beaucoup de peine pour les familles des victimes. Mais je ne regarde pas les commémorations, la France veut faire croire qu'elle est un pays uni, « tous ensemble ». Mais non, nous ne sommes pas tous ensemble ! Juste chacun avec notre douleur ! Ce qui me fait de la peine, ce sont ces jeunes du* Bataclan, *des terrasses, morts pour rien. Il n'y a pas eu de décisions exceptionnelles mises en place après les attentats. C'est pour cette raison que je n'ai pas d'empathie.* »

— Vous avez la sensation que l'État n'a pas fait ce qu'il fallait après les attentats ?

« *Il y a peut-être eu des prises de conscience. Mais quand j'ai appris le démantèlement d' une cellule dernièrement, je me suis dit : cinq ans après ? Pourquoi n'en ont-ils pas débusqué plus ? Pourquoi n'y a-t-il pas plus de contrôles aux frontières ? Pourquoi les migrants ne sont-ils pas plus contrôlés ? Un jour, toutes les familles seront endeuillées. Faudra-t-il qu'elles vivent ce que j'ai vécu ? Ça n'a pas servi de leçon ? Je suis devenu acerbe.* »

— Vous en voulez à l'État ?

« *Oui, je suis toujours en colère contre eux. La commémoration de vendredi à Paris, je ne veux pas y aller. Je me sens mal à l'aise d'accepter leur remords, leur pitié. J'irai toute seule au déconfinement au* Carillon. *Je n'aime pas ces commémorations qui sonnent faux.* »

—Vous avez énormément voyagé depuis la mort de Chloé (elle devait repartir au Sénégal avant le confinement). Pourquoi ?

« *Je vais beaucoup dans les pays du sud, la Jordanie, Malte, l'Égypte, au Sénégal… J'ai besoin d'entendre parler arabe. J'aime beaucoup cette tonalité. Chloé a dû entendre parler arabe à l'arrivée des terroristes. J'ai besoin de m'identifier à elle. J'ai visité une mosquée, à Amman. J'ai besoin de rencontrer des vrais musulmans, à la différence des terroristes. Ça me fait du bien.* »

—Ces voyages participent-ils de l'acceptation de la mort de Chloé ? De votre reconstruction ?

« *Oui. Au début, je n'arrivais même pas à partir de la maison. Quand j'allais voir ma maman à Tours, les premiers temps, je m'arrêtais plusieurs fois sur la route. Je voulais faire demi-tour. J'avais la sensation que Chloé m'attendait à la maison. Quand je suis partie en voyage avec mes sœurs, en Jordanie, j'ai découvert que j'emmenais Chloé avec moi.* »

—Vous avez la sensation qu'elle continue à vivre par procuration à travers vous ?

« *Oui, elle est toujours avec moi. Si je vois une fille avec de grands cheveux, je me dis, c'est peut-être elle… Et puis non, elle est morte… Les voyages m'ont permis d'avancer plus vite. Mais il ne se passe pas un repas de famille sans que je pleure en parlant de Chloé. Elle est toujours avec nous.* »

—Ça veut dire que vous avez appris à « dompter » le chagrin ? Parce qu'après la mort de Chloé, vous étiez dans une détresse infinie, une colère immense ?

« *J'arrive à dompter cette colère mais pas mon chagrin ni ma tristesse. Ça me tombe dessus sans savoir pourquoi.* »

—Avez-vous un rituel pour Chloé ?

« *Tous les soirs, au moment où je m'endors, je revis la scène… Celle où j'apprends les attentats de Paris, l'attente à l'école militaire, l'Institut médico-légal, la remise des cercueils… Et je finis à l'église. J'ai besoin de ça tous les jours, pour ne rien oublier, pour être sûre, jusqu'à la fin de ma vie. C'est systématique.* »

—La vie a gagné depuis la mort de Chloé ?

« *Non, j'ai perdu en insouciance. Et puis je me surveille. Devant mes enfants, je fais attention à ne pas trop parler de Chloé. J'ai gagné en envie de vivre mais pas en sérénité. C'est dur. Dans ma vie passée, je n'avais pas le poids du chagrin et ce besoin de faire attention.* »

— Vous pensez qu'on arrive à se relever de cette épreuve ?
« Moi, oui. Mais nous ne sommes pas tous égaux. Je m'en sors parce que j'ai des enfants et des petits-enfants. J'ai du monde autour de moi, du monde qui tient à moi. »

— Est-ce que le 13 novembre a une signification particulière ?
« Je sais que ça va être une journée difficile. Je vais sortir vendredi, ne pas rester ici. Je crains de rester au lit et pleurer toute la journée. »

— Vous attendez le procès avec impatience ?

« Ce que je veux, c'est voir Salah Abdelslam. Je sais qu'il est coupable. Après, qu'il soit puni ou pas… Il a tué Chloé. Qu'il pourrisse en prison ou qu'il se fasse tuer, je m'en moque. Pendant un temps, je voulais le tuer moi-même, de mes mains. »

Élisabeth Boissinot avait prévu d'assister au procès des attentats du 13 novembre 2015 « une à deux fois par mois. » En 2020, elle croyait encore dans une résilience apportée par ce procès. L'envie de « tourner la page. »

« À la fin, je serai plus en paix parce que Salah Abdeslam sera en prison. Mais il y aura toujours l'anniversaire de Chloé, les commémorations du 13 novembre, du 11 septembre 2001, de l'attentat de Nice… Donc pour moi, c'est à vie. Je suis dans la même galère que Salah Abdeslam… condamnée à vie. Je n'ai pas besoin de savoir s'il sera condamné. Moi, je le suis déjà… »

« Le camp de la vie »

La maman de Chloé Boissinot n'assistera finalement jamais physiquement au procès des attentats de Paris organisé devant la cour d'assises spéciale de Paris. Surnommé le « procès du siècle », il s'ouvre mercredi 8 septembre 2021 dans l'enceinte du Palais de Justice de Paris, sur l'île de la Cité. Neuf mois d'une audience éprouvante avant un verdict attendu le 25 mai 2022. La salle d'audience de 45 m de long sur 15 m de large, spécialement construite pour l'occasion, accueille six cents personnes. Près de trois cents avocats assistent les victimes et familles de victimes et, fait inédit, trois avocats généraux soutiennent l'accusation. L'unique survivant des commandos responsables de ces attaques, Salah Abdeslam, fait partie des vingt accusés, dont treize physiquement présents. Les autres, absents parce que présumés morts, sont jugés par défaut.

Pour ce procès moderne, des dizaines d'écrans de retransmission sont installés dans plusieurs salles. Une webradio est spécialement créée. C'est une première dans l'histoire judiciaire. Accessible *via* des codes personnels, elle permet aussi aux mille huit cents parties civiles de suivre les débats à distance. C'est avec son téléphone portable et une enceinte connectée qu'Élisabeth Boissinot suit l'audience en direct, depuis la terrasse de sa maison, le 17 septembre 2021, en présence du journaliste de *La Nouvelle République/Centre Presse*.

En ce jeudi ensoleillé, dans le jardin de Château-Larcher, les premières tueries de masse sont décortiquées, à Paris, par les enquêteurs. Le déroulé est chronologique. Clinique. D'abord les explosions au Stade de France. « *Après, ce sont les fusillades aux terrasses du* Petit Cambodge *et du* Carillon », promet Élisabeth Boissinot.

Elle connaît le déroulé des attentats par cœur. Reportages, documentaires, podcasts, livres… Elle a tout lu, tout vu, tout épluché depuis la mort de sa fille, il y a six ans. Tous les jours, elle se « branche » aux attentats. Chaînes d'infos en continu, journaux le matin.

L'audience défile lentement.

« *Il est très calme, le président, j'aime bien sa voix. C'est apaisant à écouter, il n'y a pas de haine dans ses paroles… Je suis contente de ne pas être là-bas. Écouter et regarder, ce n'est pas pareil* ».

À l'époque, déjà, Élisabeth Boissinot redoute sa présence future dans la salle d'audience. Paris est un aimant ambivalent. L'envie de se confronter à Salah Abdeslam s'oppose à une peur panique de croiser son regard.

« *Je ne sais pas comment je vais réagir, je ne suis pas pressée de m'y retrouver. Mon avocat m'a avoué avoir peur pour moi quand je vais le voir. Il a des yeux noirs, vides.* »

Elle a préparé un texte. Court. En mémoire de sa fille. Juste une phrase pour dire son dégoût du tueur. Mais elle s'interroge. Que vaut la douleur d'une des mamans victimes face à son idéologie barbare ?

« *Abdeslam était là, dans ce commando. Je ne sais pas si c'est lui qui a tué Chloé.*

Et ça ne change rien. »

Courte suspension de séance à Paris. Son chien prénommé Toqui en référence au 13 novembre 2015 Toqui (un t pour 13 et un q pour 15) quémande une caresse.

«*Je ne veux pas passer mon temps à parler à Abdeslam. En fait, je n'ai rien à lui dire. J'aurais préféré qu'il soit jugé par un tribunal militaire dans un sous-sol. Ce procès est insupportable. J'ai tout perdu de ma reconstruction. Et pourtant, je me dois d'être là, pour faire honneur à Chloé. Sinon, elle est morte pour rien.*»

À fleur de peau, Élisabeth Boissinot reconnaît «qu'elle ne tiendra pas neuf mois comme ça». Elle s'est fixée un objectif: attendre sa déposition à la barre. Enfin. Pour faire face à l'assassin de sa fille. Mais elle ne sait pas quand. «Il manque un programme au procès.» D'ailleurs, elle est tombée par hasard sur le moment où l'enquêteur évoque la tuerie du *Carillon.*

Reprise de séance. Mélanie, une journaliste de BFMTV, l'appelle pour caler un rendez-vous le lendemain. «*Et n'hésite pas à m'appeler si çà ne va pas. Je t'embrasse, Élisabeth.*» Cette «maman douleur» isolée, apprécie le contact avec les journalistes. Mais elle sait aussi qu'elle s'expose. Sans doute trop.

«*J'ai peur que les gens se lassent de ma douleur. Je ne suis pas la seule à avoir perdu un enfant. En même temps, j'aime qu'on parle de Chloé.*»

Ça y est. L'enquêteur de la PJ est face au *Carillon.* «Il va parler de Chloé», prévient son avocat par téléphone. Pas encore dans le Poitou. Il y a vingt minutes de différé.

Voix posée et visiblement ému, l'enquêteur détaille: «Voilà à quoi ressemble la scène de crime…»

De chaudes larmes coulent sur les joues d'Élisabeth Boissinot. Ses grands yeux bleus inquiets se perdent dans le brouillard gris de souvenirs atroces. Les rafales métalliques. Les cris. Le sang. La confusion. La mort. Ces portables qui sonnent dans le vide. La recherche de sa fille pendant 48 heures.

«*Et l'autre (Abdeslam), comment il peut écouter ça sans rien dire?*»

Où est-elle à l'instant où le policier décrit cette «scène de guerre»?

«*Je suis au milieu du carrefour. Je la vois, sous sa couverture de survie. Je vois les gyrophares. J'y suis. J'ai mal. Et en même temps, ça me fait du bien.*

Parce que je suis avec elle… mais je m'aperçois qu'il va falloir arrêter d'être avec elle… »

Ces derniers mots sont prémonitoires. Le 5 mai 2022, Élisabeth Boissinot devait témoigner à la barre de la cour d'assises spéciale de Paris. Elle décide de ne pas s'y rendre.

Lors d'une dernière interview accordée à *La Nouvelle République/ Centre Presse*, elle s'en explique :

« *Je préparais tous les soirs ce que j'allais lui dire, comment j'allais le regarder. Si on m'avait demandé de témoigner en septembre, j'étais prête. Mais plus maintenant… Je suis rentrée de Tunisie, mardi 3 mai 2022, après quinze jours de vacances. Je devais aller témoigner au procès le jeudi 5 mai… et j'ai décidé de ne pas y aller. J'étais partie dans ce pays pour retrouver la paix intérieure. Je n'avais pas envie de la perdre en me retrouvant en face de Salah Abdeslam. Il va rigoler, ne pas répondre. Accomplir tout ce travail intérieur, depuis sept ans, pour rien, ce n'était pas possible. Il ne sera pas condamné plus lourdement avec mon témoignage* », affirme-t-elle. « *Je me suis libérée de la haine, d'un très gros chagrin. Par contre, je ne pardonne pas. Ce que je ne voulais pas, c'était retomber dans la vengeance, face à lui. Lui s'en fout et moi, je me fais du mal.* »

Ce qui a motivé cette décision, ce sont ses petits-enfants (bientôt sept) et ses enfants. Sa famille. La vie.

« *Depuis qu'Alma (la fille de Julie, sœur jumelle de Chloé), est née, il y a trois mois, j'ai découvert qu'il fallait passer à autre chose. Mon autre fille, Jennifer, vient de m'annoncer sa grossesse. Beaucoup de choses se mettent en place pour que j'avance. Je fais comme je peux pour me reconstruire et ce que je sais, c'est qu'il faut que j'aille bien. Je veux parler de Chloé dans la paix, la tranquillité et la sérénité désormais.* »

Les enfants d'Élisabeth Boissinot l'ont félicitée d'avoir fait ce choix.

« *Jeudi, au moment où je devais être à Paris, j'étais chez moi dans le jardin, avec ma fille, le bébé dormait à côté. J'étais bien. C'est ici que je dois être. On guérit de tout. Au plus sombre de notre vie, il y a toujours un petit truc qui vient dire qu'on ira mieux, un jour.*

Mais le chemin est long, difficile… »

« *J'ai choisi le camp de la vie.* »

L'une des rares photos de Tiphaine Véron (©Photo famille Véron)

DISPARUE

29 juillet 2018 –
Nikko (Japon) / Poitiers (Vienne)
Où est Tiphaine Véron ?

C'est un petit message.
Classique. Efficace. Rassurant.

Un obligé de quelques mots écrits dans l'excitation de l'inconnu. Cette délicate attention est écrite par Tiphaine Véron. Elle est destinée à ses proches. Comme un indispensable cordon ombilical relié aux racines familiales. Ce mot signe l'arrivée à destination, au Japon, de « Titi », son surnom familial.

« *Je suis bien arrivée, c'est merveilleux. La propriétaire est adorable aussi, elle mixe le japonais avec l'anglais ! Elle est fan de tortues, en pierre, pâte à sel… Je lui ai offert une toute petite peluche tortue, elle a été trop contente ! L'hôtel est trop mignon, orange corail. Nikko est entourée de montagnes, ville plutôt traditionnelle.* »

Ce message envoyé sur le fil Whatsapp familial, accompagné de photos de la ville, est le dernier signe envoyé par Tiphaine Véron.

Nous sommes le 29 juillet 2018. Elle vient d'arriver dans la ville de Nikko, à 150 km au nord-est de Tokyo. Puis plus rien. Tiphaine Véron est portée disparue au Japon depuis cette date. Quatre ans sans nouvelle d'elle.

Malgré la médiatisation, Ni l'enquête de police japonaise, Ni les commissions rogatoires envoyées par la justice française, Ni les recherches menées par ses proches sur place, Ni la mobilisation diplomatique et politique jusqu'au plus haut niveau n'ont permis de la retrouver.

Est-elle vivante ? A-t-elle été kidnappée ? Est-elle retenue contre son gré ? A-t-elle perdu la vie ? Pourquoi ? Comment ? Où ? Qui ? Toutes ces questions angoissantes, lancinantes, constituent l'effroyable quotidien de la famille Véron depuis plus de mille cinq cents jours. C'est une torture mentale.

Les ombres portées par sa disparition sont un supplice chinois au pays du soleil levant.

L'amour du Japon

Timide et délicate, la trentenaire poitevine incarne la grâce typique d'une femme française. Indépendance farouche et sens de l'honneur font écho à une culture japonaise à laquelle elle voue une véritable passion.

Tiphaine n'est pas bilingue mais la langue japonaise n'est pas une barrière infranchissable pour elle. Sans en comprendre toutes les subtilités, elle se passionne pour ce canevas linguistique nippon où l'on prend d'infinies précautions pour dire les choses de la vie sans en exprimer le sens premier. Une attention touchante pour celle qui trouve la culture occidentale trop souvent démonstrative, parfois exhibitionniste.

Il y a l'écriture, cette calligraphie japonaise si compliquée à dompter. Un océan stylistique devenu pour l'artiste Tiphaine une source d'inspiration sans égale. Le Japon est une montagne infinie de connaissances à gravir pour la Poitevine. Presque un coup de foudre amoureux. Instant fugace où les mots peinent à décrire la force d'une attirance mais justifient déjà une irrésistible passion.

Tiphaine Véron aime tout du Japon : la retenue, la gastronomie, le raffinement exquis, les petites attentions.

Même la discipline sociétale trouve grâce à ses yeux. Elle, l'ex-étudiante en histoire de l'art, parfois dépassée par ses propres rêveries. Oui, Tiphaine aime le Japon et les Japonais. Totalement. Viscéralement.

Nous sommes en 2013 et elle vient de passer trois semaines là-bas. « *Elle en avait gardé un excellent souvenir*, confirme son frère, Damien Véron. *Elle avait appris le japonais. On la voyait s'entraîner à écrire avec son téléphone. Et comme elle aime dessiner, elle avait développé la maîtrise de la calligraphie.* »

Née à Rennes, Tiphaine a 36 ans au moment de sa disparition. Elle est célibataire et sans enfant. Elle dépense pourtant toute son énergie professionnelle à aider les plus jeunes. Notamment ceux en difficulté. Elle est très impliquée au sein de l'association Argos, qui vient en aide aux malades psychiatriques. Sans doute une manière de rendre aux plus faibles une image restaurée d'eux-mêmes. Victime d'un syndrome épileptique, Tiphaine se sent proche d'eux.

Elle lit beaucoup, dispose d'une très grande culture cinématographique et joue du piano à ses heures perdues. Mais son violon d'Ingres, sa passion ultime, c'est le pays du soleil levant.

Cinq ans après sa première immersion au Japon, elle décide d'y retourner en cet été 2018. Elle économise sans relâche sur sa maigre paye d'auxiliaire de vie scolaire à l'école Alphonse-Daudet, à Poitiers. Le Japon est l'une des destinations les plus onéreuses pour les Occidentaux.

Après d'intenses arbitrages, son budget est bouclé. Tous les guides existants sur l'île ont été épluchés, surlignés, pour être sûr de ne rien rater sur place. Tiphaine ne laisse pas de place au hasard : elle sait qu'elle part seule à l'autre bout du monde et s'impose de ne commettre aucune erreur.

La Poitevine a un autre motif de satisfaction : ses crises d'épilepsie sont stabilisées. Le médicament léger qu'elle prend induit l'effet escompté. Même son neurologue ne s'oppose pas au voyage.

Et puis, comme elle cultive un sens des responsabilités aiguës, elle sait aussi rassurer ses proches : malgré son côté artiste, un peu bordélique, elle a minutieusement préparé son voyage.

« *Elle a laissé une carte du Japon avec toutes ses étapes, les horaires, les trajets... tout son plan de voyage. Nous la savions seule sur place. Mais toute cette préparation était rassurante. Elle avait prévu de communiquer régulièrement avec nous sur Whatsapp. C'est un voyage sans surprise où nous savons quels lieux elle visite et à quel moment. Il n'y a pas de trek prévu. Quand j'y repense avec le recul, toutes ces informations étaient du pain béni pour les enquêteurs...* », soupire Damien Véron.

Portée disparue

Anne Désert, la maman de Tiphaine, l'accompagne en gare de Poitiers ce 26 juillet 2018 en fin de matinée. Un dernier tendre bisou, une longue étreinte maternelle et la voilà installée dans le TGV en direction de Paris. Tiphaine rejoint l'aéroport Charles-de-Gaulle pour un décollage en fin de journée. Le 27 juillet, elle atterrit à Shanghai (Chine). Tiphaine poursuit son voyage dans un autre avion de la compagnie China Eastern, en direction du Japon.

L'arrivée à l'aéroport international de Tokyo-Narita a lieu en fin de journée. Elle passe une nuit à l'hôtel sur place. Le temps de sympathiser avec une employée de l'établissement qui la conduit gentiment à la gare le lendemain. Direction Nikko, la ville préfecture de Tochigi *via* une correspondance à Utsunomiya.

Ce 28 juillet 2018, le train entre en gare de Nikko dans l'après-midi. On distingue la silhouette de l'Occidentale sur les images de la caméra de vidéo-surveillance visionnée plus tard par la police. Tiphaine Véron rejoint l'hôtel *Turtle Inn* vers 16 h dans le quartier de Takumicho. Elle y a réservé une chambre pour deux nuits.

« *Elle avait l'air très heureuse de son arrivée à Nikko*, se souvient son frère. *Elle regrettait simplement d'être arrivée trop tard pour visiter les temples dont la fermeture a lieu entre 16 h 30 et 17 h.* »

La Française est accueillie par la femme du responsable de l'hôtel à qui elle offre la fameuse peluche tortue. Le sens du détail et le goût d'offrir, c'est Tiphaine.

Elle prend possession de sa chambre. Une nuit réparatrice à cause du décalage horaire. Mais dans les songes, il y a déjà l'excitation des aventures à venir.

Le lendemain matin, elle prend son petit-déjeuner à proximité de touristes, notamment Allemands. Un temps d'échange avec ces inconnus sur les visites des musées et temples prévus dans la journée. Elle est aperçue dimanche 29 juillet 2018, vers 10 h selon le directeur de l'hôtel, alors qu'elle sort de son établissement.

Sans le savoir, elle laisse sa dernière preuve physique de vie ici. Un dernier témoignage vivant. Une ultime trace donnée, à son corps défendant, pour une enquête qui n'a pas de fin. De l'autre côté du globe, Damien Véron se souvient du moment où il apprend la disparition de sa sœur.

« *C'était le premier août. L'ambassade de France au Japon m'envoie un message. Les agents n'arrivent pas à joindre mes parents. Je me suis dit* « *merde* »... *J'ai rappelé le consulat mais ils n'ont rien voulu me dire. Ils voulaient parler à mes parents. J'ai été chercher ma mère à son travail. On nous a indiqué que la police de Nikko rappellerait le soir. Il y avait un interprète. Et l'interlocuteur a tout de suite indiqué la piste criminelle. Il a même demandé :* « *Que ferait Tiphaine si jamais elle était kidnappée ?* » *C'était un choc. Ils enquêtaient depuis trois jours sur sa disparition et ils évoquaient cette hypothèse. Et puis, très rapidement, ils n'ont parlé que de la piste accidentelle en lien avec un typhon ayant touché le Japon à cette période...* »

La suite de l'histoire s'écrit désormais avec ses proches. Également par le prisme de constatations, de déclarations, de spéculations, de désillusions dont *La Nouvelle République/Centre Presse* s'est fait l'écho, mois après mois, depuis la disparition de Tiphaine Véron.

La suite de ce que vous lisez n'est pas l'histoire précise de la disparition de Tiphaine, à ce jour, nous ne la connaissons toujours pas. C'est un angle. Un miroir, forcément déformant, de la compréhension d'un journaliste de la presse quotidienne régionale basé à Poitiers sur ces faits et leurs interprétations.

À travers un besoin pressant de médiatisation, de recherches de soutiens, dans le flot des angoisses, de la fatigue, des pressions, des recherches, des mobilisations, du décalage horaire, des émotions, des colères, des frustrations, face à des intérêts divergents voire totalement paradoxaux, Sibylle et Damien Véron ont communiqué au journaliste poitevin les informations dont ils disposaient sur l'instant.

Le choc des cultures

À peine le temps de réfléchir pour la famille dès l'inquiétante annonce. Sibylle et ses deux frères, Damien et Stanislas Véron, sautent dans un avion en direction du Japon. L'objectif est de retrouver Tiphaine Véron le plus vite possible. Ils pensent tous à un accident. Une course contre la montre s'engage au cas où elle serait blessée. Peut-être est-elle hospitalisée ? L'information n'est pas encore remontée ? La perte ou la casse de son téléphone ? Déjà une tonne de questions dès les premiers jours et si peu de réponses.

La fratrie arrive le 4 août 2018. Une semaine après la disparition de Tiphaine.

« *Notre première découverte du Japon est Utsunomiya, la préfecture de Tochigi, à 40 minutes de Nikko. Il faisait très chaud*, se souvient Damien Véron. *Nous sommes sonnés, crevés par le décalage horaire. La police de Nikko vient nous chercher pour nous emmener sur le site des Kanmangafuchi Abyss. Tiphaine avait noté cette visite. Les policiers ont montré un foulard et ont dit : « elle a dû tomber ici ». Mais l'écharpe n'appartenait pas à Tiphaine...* »

D'emblée, malgré des informations parcellaires et la fatigue, les prémices d'un doute s'installent entre les Véron et la police nippone. Sans en soupçonner la portée, ils viennent de se heurter à un choc des cultures. Ils ne le savent pas encore, mais cette expérience laissera des traces bien plus profondes qu'ils ne pouvaient l'imaginer dans leur quête de vérité sur la disparition de Tiphaine.

« *Ils n'arrêtaient pas de nous dire que c'était un accident, à cause d'un typhon récent. On a insisté pour qu'ils mènent des recherches avec des chiens, qu'ils ratissent la rivière. Ils ont répondu : « On compte sur les pêcheurs, les corps sont toujours retrouvés. Nous l'imaginions blessée, quelque part. Nous étions insistants. Ils se sont énervés et nous ont donné la valise avec les effets personnels de Tiphaine. Et puis ils sont partis.* »

Le frère et la sœur poursuivent leurs recherches à Nikko. Cette ville d'un peu plus de quatre-vingt mille habitants est la préfecture de Tochigi. Dans ces montagnes, au nord de Tokyo, les touristes se pressent pour admirer notamment le Tosho-gu, un sanctuaire shinto fondé en 1617.

L'hôtel *Turtle Inn*, dans lequel Tiphaine est descendue, est loin du centre-ville, dans une zone résidentielle. Il a l'avantage d'être assez proche des musées et des sites touristiques. Mais cet atout est aussi son principal défaut dans le cadre d'une disparition inexpliquée : il n'y a quasiment pas de caméras. Et, au Japon, loin des lieux touristiques très fréquentés, il y a peu de monde dans les rues.

Damien Véron se remémore l'instant où il débarque à l'hôtel, avec sa sœur Sibylle, et la réaction de l'hôtelier : « *Les gérants de l'hôtel étaient surpris de nous voir, étonnés de notre présence au Japon. J'ai découvert que le « pourquoi » n'existait pas au Japon. On a tout suite senti le quiproquo. C'était un autre monde, une nouvelle dimension, un choc des cultures...* »

Cette fracture culturelle creuse un fossé d'incompréhensions. D'un seul coup, les codes du cartésianisme occidental s'effondrent devant une philosophie de vie asiatique qui déstabilise les Français.

Cette barrière difficilement franchissable conditionne d'emblée la direction prise par la famille Véron pour retrouver Tiphaine : chercher soi-même et le faire savoir en s'appuyant sur l'écho médiatique. Pour ne pas laisser tomber cette disparition dans l'oubli, le seul moyen est d'activer des leviers médiatiques, judiciaires et politiques.

Et tant pis pour le cadre, le respect des procédures, les maladresses. La fin justifie les moyens quand on recherche sa sœur.

Un malaise accidentel ?

« Disparition inquiétante d'une Poitevine au Japon », titre *La Nouvelle République/Centre Presse* dans son édition du 7 août 2018.

Sibylle Véron était au téléphone la veille depuis le Japon avec le journaliste, à Poitiers. À cet instant, les deux confrères sont loin d'imaginer une couverture médiatique ininterrompue pendant plusieurs années autour de la disparition de Tiphaine.

Tout le monde n'a qu'un espoir : retrouver la touriste française le plus vite possible.

« *Elle a laissé son passeport et la plupart de ses affaires dans la chambre. Elle est partie se promener avec simplement un petit sac, selon le témoignage du propriétaire de l'établissement*, indique Sibylle Véron. *Elle avait réservé pour deux nuits dans cet hôtel. Ne la voyant pas le dimanche soir, ni pour le check-out (le départ) le lundi matin, le propriétaire des lieux a averti la police. Nous sommes inquiets, car Tiphaine est épileptique. Elle peut avoir été victime d'une crise qui l'a désorientée ou avoir fait une chute, même si elle a une bonne connaissance de sa maladie et prend bien ses médicaments qu'elle a toujours avec elle, de même qu'un papier traduit en japonais expliquant sa maladie.* »

Dix jours après la disparition signalée de Tiphaine, la famille fait encore confiance à la police japonaise, dont les enquêteurs privilégient la thèse accidentelle. Mais elle a des doutes sur les forces mises en œuvre pour confirmer cette hypothèse. Dès le lendemain, les craintes s'expriment dans la presse locale.

C'est Romain Auzouy, le beau-frère de Tiphaine resté en France, qui prend le relais. Il insiste, lui aussi, sur l'inquiétude liée à la maladie de Tiphaine. « *Elle souffre d'une affection épileptique sévère depuis de nombreuses années. Elle dispose d'un traitement mais elle est chimio-résistante. Il est déjà arrivé qu'elle tombe en pleine rue à Poitiers. C'est notre principale source d'inquiétude, elle a pu faire une crise partielle ou tomber dans une rivière. La chaleur est aussi un facteur aggravant de l'épilepsie.* »

Premiers doutes sur l'enquête

Tous les moyens pour retrouver Tiphaine sont-ils activés au Japon ? Non, selon la famille.

Anne Désert, la maman de Tiphaine, a envoyé dès le 6 août un courrier au président de la République, Emmanuel Macron, pour dénoncer le manque de moyens d'enquête :

« *Nous constatons que tous les moyens ne sont pas mis en œuvre : recueil de témoignages, dragage de la rivière, recherches dans les forêts avec les chiens, géolocalisation de son téléphone portable…* »

Les Poitevins découvrent que ce qui semble être une évidence en France ne l'est pas au Japon. La géolocalisation du téléphone portable, systématique dans l'Hexagone, n'a pas été réalisée dès les premières heures de la disparition, comme c'est l'usage ici.

« *Nous essayons par tous les moyens d'obtenir cette localisation*, confirme Romain Auzouy, le beau-frère de Tiphaine. *Nous avons l'impression que ça n'a pas été fait, comme l'audition des témoins. Nous sommes désarmés. Le Japon n'est pas la France, la culture est différente* », rappelle-t-il.

Depuis le pays du soleil levant, Sibylle martèle le message : « *La famille doute de la collecte d'informations de la part des enquêteurs japonais.* » Le levier diplomatique est activé depuis l'arrivée de la famille au Japon. L'ambassadeur de France au Japon, Laurent Pic, s'est rendu la veille dans la ville d'Utsunomiya pour y « *rencontrer les services de police japonais et leur demander une intensification et une accélération des recherches* », indique le Quai d'Orsay.

« *Il a demandé à la famille de respecter les méthodes japonaises et il est venu avec les infos de la police qui sont bien moins importantes que ce que nous avons déjà*, regrette Romain Auzouy. *On a l'impression de pousser des portes qui ne s'ouvrent pas. La famille est combattante mais très désarmée. Ils sont prêts à tout par amour pour leur sœur mais il n'y a pas beaucoup de soutien.* »

Une collecte de fonds lancée sur une plate-forme collaborative, pour soutenir les premières recherches de la famille sur place, récolte 6 800 € en quelques jours. L'argent sert à payer l'avion, les hôtels et traducteurs… Il sert aussi à l'organisation d'une première battue organisée par la famille, dès le 10 août.

« *Il y a beaucoup d'espoirs dans les environs de Nikko*, rapporte alors Romain Auzouy, propulsé attaché de presse de la famille, par la force des choses. *Aucune piste n'est écartée. La piste criminelle n'est pas abandonnée. L'autre information, c'est que le typhon est passé à côté de la zone, ce qui n'ajoute pas du désordre aux recherches.* »

L'hypothèse du typhon meurtrier écartée confirme aussi les doutes de la famille sur les déclarations émises par la police de Nikko concernant la thèse accidentelle.

À Poitiers, la mère de Tiphaine reçoit une réponse du chef de cabinet du président de la République, Emmanuel Macron. L'Élysée affirme dans un style diplomatique que des « *échanges réguliers et suivis avec les autorités japonaises sont mis en œuvre dans le cadre des recherches.* » En clair, le Japon est un pays souverain. Et les marges de manœuvre pour faire accélérer les choses sont restreintes.

« *La mobilisation des autorités est importante, il faut une coopération parfaite entre le Japon et la France*, estime Romain Auzouy, qui se félicite du suivi médiatique en France (quasiment tous les médias) et au Japon. *Une conférence de presse a été organisée avec plusieurs médias japonais et l'avis de recherche a même été diffusé dans le métro de Tokyo.* »

Reste l'essentiel : l'enquête. Et de ce point de vue, ça patine. Les proches de Tiphaine n'ont toujours aucune réponse à des questions simples et de bon sens. La police japonaise n'a toujours pas géolocalisé le portable de Tiphaine... douze jours après sa disparition ! En France, l'affaire n'aurait pris qu'une poignée d'heures après une demande auprès de l'opérateur.

« *Pour l'instant, nous n'avons rien de concret. Les réquisitions menées par le parquet de Poitiers auprès de Google n'ont rien donné. Toutes les investigations ont-elles été menées auprès de l'opérateur qui substitue Free au Japon ? Pourquoi le bornage n'a rien donné ? Nous respectons le rythme de la police japonaise. Nous ne remettons pas en cause son travail mais nous souhaitons des réponses précises aux questions* », insiste Romain Auzouy.

Enlèvement et séquestration ?

La battue organisée par la famille dans les environs de Nikko ne donne rien. Sibylle Véron en fait état sur son compte Twitter : « *Immense peine ce soir. Les recherches en forêt n'ont pas permis de retrouver Tiphaine... Rien n'est perdu, nous ne voulons pas repartir sans elle* », écrit-elle.

Rien en forêt. Mais il reste encore toutes les berges et le lit de la Daiya River, qui serpente au milieu de Nikko, à explorer. En France, Romain Auzouy publie une demande très particulière sur son compte Facebook : « *Cherchons alpiniste(s) ayant des connaissances en hydrologie susceptible(s) de venir à Nikko dans le cadre des recherches pour retrouver ma belle-sœur disparue au Japon le 29 juillet. Courriel : missing.tiphaine-veron@gmail.com* ».

Le 21 août, de nouvelles recherches sont menées. Et la déception est terrible. Des médias japonais s'emballent en indiquant que le portable de la trentenaire a été retrouvé. Une matinée passe et l'annonce rocambolesque se délite : le portable en question n'était qu'une chaufferette ! Et elle n'appartient évidemment pas à l'auxiliaire de vie scolaire.

« *L'histoire prêterait à sourire si l'angoisse ne cessait de tarauder une famille partie sur place pour activer les autorités et mener ses propres recherches* », relate le journaliste de la presse locale.

« Il n'y a rien », c'est comme si elle s'était « volatilisée », confie alors Sibylle, toujours à Nikko avec son frère Damien. « *Des policiers ont de nouveau cherché ce matin, près d'une rivière où l'eau est redescendue* ». En vain.

L'agence de presse japonaise Kyodo News confirme qu'une vingtaine de secouristes, dont des plongeurs, ont sondé la rivière Daiya. Une forêt a été méticuleusement fouillée ; chiens, hélicoptère et drone ont été mobilisés. « *Même des alpinistes professionnels sont venus participer aux recherches dans les chemins de montagne* », précise Sibylle.

Elle confie : « *Je ne peux pas écarter totalement la thèse de l'accident mais je pense de plus en plus à la piste criminelle, sachant que Tiphaine est naïve et se sentait en confiance au Japon.* »

Tiphaine aimait aussi le Japon pour sa réputation de pays serein, avec un taux de criminalité parmi les plus bas du monde. Elle l'avait dit à sa maman pour la rassurer : « *Le Japon est le pays le plus sûr au monde !* »

En France, en revanche, la disparition inquiétante d'une personne majeure appelle d'emblée une réponse des autorités. Le parquet de Poitiers annonce, dans un communiqué de presse, ouvrir une information judiciaire « *afin de donner un cadre juridique plus conforme aux nécessités de l'enquête menée jusque-là pour disparition inquiétante.* »

Signe d'une thèse accidentelle pouvant sembler bancale, un juge d'instruction est saisi pour des faits d'enlèvement et de séquestration. Mais le procureur de la République de Poitiers, Michel Garrandaux, précise aussitôt : « *Aucun élément ne permet à ce jour de s'orienter vers une piste criminelle* ».

C'est une manière consensuelle, pour l'autorité judiciaire française, de ménager les susceptibilités nippones.

« Je suis la sœur de Tiphaine ! »

Le 18 octobre 2018, la rédaction de *La Nouvelle République/Centre Presse* consacre une page entière à Tiphaine Véron, deux mois après sa disparition.

La veille, Sibylle Véron a interpellé le président de la République, Emmanuel Macron, dans la cour du palais de l'Elysée, à Paris. C'était à l'occasion de la visite de Shinzo Abe, Premier ministre du Japon.

« *Monsieur le Président, je suis la sœur de Tiphaine Véron, disparue fin juillet au Japon...* », lance-t-elle d'une voix forte et mal assurée. Elle sait, en interpellant publiquement le chef de l'Etat qu'elle vient d'exploser - *de facto* - la bienséance protocolaire qui sied aux visites officielles. Qu'importe. Rien n'arrêtera la marche pour la vérité.

Sibylle, alors journaliste à France 5, s'accrédite à la dernière minute, sur conseil de son entourage. « *C'est un passe-droit, mais j'avais le soutien d'autres journalistes. L'échange avec le président de la République a été court mais suffisant pour rappeler les requêtes de la famille.* »

« *C'était une chance folle de pouvoir les rencontrer tous les deux,* confirme-t-elle peu après cette prise à partie culottée. *L'intervention a donné un coup de projecteur pour appuyer la coopération judiciaire, nous avons rencontré la conseillère Asie de l'Élysée, nous sommes en contact avec le Quai d'Orsay et l'ambassade... Cela a déjà eu un effet en France et au Japon pour accélérer la procédure. Mais le dossier passe de magistrats de liaison en cabinets, par des ministères... nécessitant, chaque fois, une traduction. Tout cela met du temps. Nous savons que Shinzo Abe a contacté les forces de police sur place pour l'organisation d'une nouvelle battue. Nous avons de la chance que les deux pays soient amis mais il faut plus de moyens. Tout serait facilité si les deux polices travaillaient ensemble.* »

Ce coup d'éclat politico-médiatique intervient alors que l'enquête au Japon piétine maintenant depuis quatre-vingts jours. Il n'y a toujours pas eu de perquisition à l'hôtel où Tiphaine a été vue pour la dernière fois. L'audition d'un témoin clé est intervenue une semaine après. La géolocalisation du portable n'a toujours pas été faite. Et les recherches dans la rivière ou sur terre sont insuffisantes, selon la famille.

C'est comme si les enquêteurs nippons avaient estimé qu'une battue avec quatre-vingts personnes, un survol en hélicoptère et le visionnage des caméras de surveillance étaient suffisants.

« *Nous avons l'impression d'être dans une course contre la montre. Mais pas eux* », s'énervent les proches. *Certes Tiphaine était épileptique mais elle n'avait pas fait de crise depuis un an. Et elle connaissait suffisamment sa maladie pour s'en protéger.* »

La thèse accidentelle ne convainc plus personne. Alors ? La famille penche de plus en plus pour la piste criminelle. Et l'information judiciaire récemment ouverte pour enlèvement et séquestration par le parquet de Poitiers renforce évidemment cette thèse. La famille n'attend plus qu'une chose : que les enquêteurs de police judiciaire de Poitiers importent le savoir-faire à la française dans la préfecture de Tochigi.

Quitte à bousculer la quiétude du sanctuaire Shinto.

Poitevins affectés et solidaires

L'angoisse monte à Poitiers depuis la disparition de Tiphaine Véron. Notamment dans l'école Alphonse-Daudet, où elle travaillait.

Spontanément, les parents d'élèves de l'école maternelle organisent « Une journée pour Tiphaine » quelques jours après la rentrée scolaire. L'initiative est portée par Sophie Leomand, présidente de l'APE et Laëtitia Vincelot, membre du bureau. Cette initiative résonne comme une évidence.

« *L'école est une famille et Tiphaine en fait partie… Quand nous avons appris la nouvelle de sa disparition, nous ne pouvions pas rester sans rien faire. Nous en avons parlé à la directrice pour organiser une vente de gâteaux et une cagnotte.* »

Le petit mot placé dans les cahiers de liaison des cent vingt élèves de l'école porte ses fruits : 250 € récoltés. L'argent est remis à la maman de Tiphaine, Anne Désert, et à l'un de ses frères, Damien, le 24 septembre 2018, devant des dessins réalisés par une classe de grande section.

« *Nous avions besoin de montrer que nous étions là. Nous n'oublierons pas Tiphaine. Tant qu'elle ne sera pas retrouvée, nous continuerons à faire quelque chose*, promettent les parents solidaires. *Nous aussi, nous avons envie qu'elle revienne…* »

Tiphaine Véron était aide à la scolarisation pour les élèves en situation de handicap (ASEH) à raison d'une douzaine d'heures par semaine. Elle était plus particulièrement en charge d'un élève dans la classe de la directrice, Marie-Christine Lainé.

« *Tiphaine est une personne ponctuelle, dévouée, qui ne regarde ni son temps, ni sa peine. Elle manquait un peu de confiance en elle et s'était formée à ses frais en refusant de récupérer ses heures, raconte la directrice, très émue. Sa disparition a été une stupéfaction. J'ai découvert ensuite à travers la presse ses centres d'intérêts et son épilepsie, dont je ne m'étais pas aperçue à l'école.* »

« *Elle accompagnait cet élève dans les actes de la vie quotidienne, dans le soutien à l'apprentissage et dans la vie sociale*, complète Sylvie Chouteau, coordonnatrice du dispositif Ulis à l'école. *Tiphaine était très curieuse, avide d'apprendre. C'était un vrai plaisir de travailler avec elle. Elle avait de grandes qualités humaines et professionnelles.* »

Le papa de l'élève pris en charge par Tiphaine a les larmes aux yeux : « *Elle aimait mon enfant… Son empathie dépassait sa fonction d'ASEH. Elle était humble, toujours aimable. Sa disparition est extrêmement douloureuse. Pour moi, c'était quelqu'un de ma famille. Je voulais même l'inviter à manger, tellement je me sentais redevable…* »

La douleur maternelle

Depuis la disparition de Tiphaine Véron, la douleur a un visage : celui d'Anne Désert, sa maman. Lors d'une interview accordée au journaliste de *La Nouvelle République/Centre Presse*, elle l'exprime sans retenue, après deux mois et demi d'angoisses.

— Dans quel état d'esprit êtes-vous ?

« *Désespérée… je ne le montre pas mais je suis désespérée. Quatre-vingts jours sans aucune trace, une disparition totale, pas le moindre indice. Un milieu hostile, au bout du monde…* »

— Quel est votre regard sur l'enquête au Japon ?

« *Des ressentis qui varient. Au départ, nous nous disions que le Japon, pays de la modernité, avait des moyens exceptionnels pour une enquête. Pour ma fille Tiphaine, c'était le pays de la sécurité. Je suis surprise de voir que les méthodes sont différentes de la France. Nous sommes dans l'expectative. Nous ne savons pas dans quelle mesure ils suivent la piste accidentelle ou criminelle. Nous nous interrogeons beaucoup sur leurs méthodes et leurs moyens. En France, on aurait tout de suite enquêté avec des chiens, perquisitionné l'hôtel... Il est difficile de faire abstraction de ces différences.* »

— Et sur la mobilisation des autorités françaises ?

« *Ça répond exactement à nos attentes avec une police judiciaire exceptionnelle : enquête auprès des proches, amis, toutes les recherches de géolocalisation... tout est sérieux, ficelé. Ils font mon admiration. Il y a deux officiers de la police judiciaire prêts à partir au Japon depuis le mois d'août. Il est clair que les savoir sur place serait en mesure de me rassurer. Je n'attends que ça.* »

— Vous avez écrit au président de la République il y a quelques semaines. Il est la clé pour faire avancer l'enquête ?

« *Il n'y a que Macron qui a le pouvoir de débloquer une situation entre le Japon et la France. Les Japonais ont cet orgueil, ce sens de l'honneur et du code qui fait que seul le « maître suprême de la France » est capable de faire passer un message.* »

— Les parents d'élèves de l'école où travaille Tiphaine ont organisé une mobilisation inédite en soutien à votre famille. Vous vous attendiez à ça ?

« *C'était une surprise, j'en suis encore émue. Ça m'a bouleversée. Leurs actions et leurs paroles ont été un baume au cœur.* »

— Quel est votre regard sur la mobilisation de votre famille pour retrouver Tiphaine ?

« *Admirative. Ils sont formidables. Ils se battent comme des lions. Du coup, ils m'obligent à être vaillante. À rester courageuse. Ne serait-ce que par respect pour le travail phénoménal qu'ils font. C'est courageux, extraordinaire. J'ai toujours estimé que j'avais des enfants formidables. Mais ils sont exceptionnels...* »

La marche des 100 jours

Face à des recherches qui s'apparentent à un chemin de croix, la famille Véron décide de mobiliser l'opinion publique à l'occasion du centième jour de la disparition de Tiphaine. Une « marche de l'espoir » est organisée le 10 novembre 2018, à Poitiers. Sibylle Véron est à la manœuvre. Elle a passé plus d'un mois à enquêter sur les traces de sa sœur au Japon. Elle justifie assez simplement l'organisation de ce rassemblement.

« *Nous voulons montrer que nous sommes très nombreux à vouloir accélérer l'enquête. Beaucoup de gens veulent savoir ce qui est arrivé à Tiphaine. Pas seulement nous. Cette marche est plus qu'un symbole. Je crois énormément à la force du nombre. C'est l'opinion publique qui compte. Il ne faut pas relâcher la pression. C'est aussi une réponse aux gens qui veulent apporter leur soutien à Tiphaine, une manière de les rassembler.* »

La famille veut profiter de la marche pour faire signer une pétition demandant l'accélération de l'enquête, l'intensification des recherches avec l'appui de policiers français. C'est le nœud du problème concernant cette disparition inquiétante. Les proches comptent sur le « bruit médiatique » de l'opinion, des proches, amis, connaissances ou simples citoyens touchés par la disparition de Tiphaine Véron pour faire décoller la police judiciaire vers le pays du Soleil levant.

« *Le Japon est très attentif à ce qui se passe en France* », confirme Sibylle Véron. *Vu de Poitiers, ça peut paraître étonnant, mais ils sont nombreux, à Nikko, à éplucher la presse tricolore…* »

Sur la banderole déployée ce 10 novembre 2018 sur la place du marché, à Poitiers, Tiphaine est souriante sur l'une des rares photos qu'on a pu retrouver d'elle. Elle n'aimait pas être prise en photo. L'image de cette jeune femme joyeuse tranche avec le message inquiétant inscrit à proximité : « Unis pour Tiphaine Véron disparue au Japon le 29 juillet 2018. » Quatre-cent citoyens touchés par cette histoire participent à cette marche de l'espoir. Ceux qui le souhaitent peuvent arborer une petite fleur verte. La couleur de l'espoir.

« *Peser. Harceler. Encore et toujours. C'est le leitmotiv de la famille de la trentenaire pour aiguillonner les recherches et la coopération judiciaire franco-japonaise depuis la désignation d'un juge d'instruction* », écrit le journaliste chargé de couvrir l'événement.

Le maire de Poitiers, Alain Claeys, et le député Sacha Houlié sont présents. Eux aussi réclament, comme la famille, l'envoi de policiers français au Japon.

« *Ce qui est important, c'est de voir que les Poitevins sont mobilisés et à travers cette marche, on espère que le juge d'instruction puisse comprendre l'importance d'envoi des policiers français. Il faut que la collaboration entre la France et le Japon aille vite* », signalent les élus.

Me Emmanuelle Bernard, avocate de la famille Véron, déplore de son côté un « manque de fluidité entre les enquêteurs » : « *Nous avons une grosse difficulté au niveau de la téléphonie. Nous sommes dans une impasse entre Free, l'opérateur français et l'opérateur local au Japon (Softbank). Ils se contredisent sur les données, ne donnent pas toutes les informations nécessaires, nous n'avons donc pas de géolocalisation précise jusqu'au bout pour déterminer quand et où on la perd des réseaux. C'est basique pour les avoir en France… mais pas au Japon !* »

Au terme de la marche devant la mairie de Poitiers, Sibylle, sœur de Tiphaine, prend le mégaphone : « *Nous sommes très nombreux dans un but très précis : envoyer des policiers français au Japon, pour faire avancer les choses, savoir ce qui s'est passé là-bas. Signez les pétitions que nous remettrons à l'Élysée, partagez l'information !* »

Cette « marche de l'espoir » est un succès. Mais malgré la mobilisation populaire et le « bruit médiatique », les semaines passent sans avancée significative. La famille en est désormais persuadée : elle doit mener sa propre enquête.

En janvier 2019, une nouvelle cagnotte est lancée pour rencontrer les enquêteurs sur place et permettre à l'avocate de la famille, Me Emmanuelle Bernard, d'aller sur place. Les proches veulent aussi employer des enquêteurs privés. Non, Tiphaine n'a pas été victime d'un accident, insiste la famille.

Juridiquement « disparue »

Déjà six mois sans nouvelle de Tiphaine Véron.

Toutes les dates « anniversaires » offrent un prétexte à (re)donner une visibilité médiatique à cette disparition. Les médias nationaux s'en emparent. *Le Parisien* consacre une page à la disparition de Tiphaine le 28 janvier. Trois jours plus tard, l'émission « Complément d'enquête » (France 2) diffuse un reportage réalisé en France et au Japon sur la disparition de Tiphaine Véron. La télévision publique tente de répondre à une question brûlante : combien de temps un dossier concernant une disparition peut-il rester ouvert ?

En attendant une mobilisation policière et judiciaire digne de ce nom, les proches de Tiphaine multiplient les initiatives pour qu'elle ne tombe pas dans l'oubli.

Fin février 2019, Sibylle lance un appel aux artistes sur son profil Instagram : « *Ma soeur Tiphaine, amoureuse des arts a disparu au Japon : artistes en tout genre, aidez-nous à diffuser l'info en dessinant son visage.* » Elle sera entendue. Des dizaines de dessins et de créations représentant Tiphaine fleurissent sur Internet.

Le 20 février 2019, ce n'est pourtant pas une rencontre artistique qui mobilise la famille. Non, il s'agit d'un rendez-vous judiciaire éprouvant pour la maman de Tiphaine, Anne Désert, et son frère, Damien Véron. Ils accompagnent l'avocate Emmanuelle Bernard, au tribunal d'instance de Poitiers pour établir, avec un juge des tutelles, une « déclaration de présomption d'absence ».

La procédure juridique permet, au bout de dix ans, de procéder (comme pour une curatelle) à une administration des biens de la personne disparue. « *C'était un peu compliqué de l'évoquer avec la famille mais il fallait passer cette étape pour ne pas laisser la maman dans le flou juridique et faire partir ce délai de dix ans* », indique l'avocate.

Pour la maman, c'est un déchirement. L'action juridique, même symbolique, renforce évidemment l'absence de Tiphaine. Cette procédure rare, héritée des conflits armés du XXe siècle, s'éteint d'elle-même si la personne est retrouvée. À la sortie du rendez-vous, chacun garde secrètement l'espoir de retrouver la trentenaire saine et sauve.

Le syndrome des « évaporés »

Une nouvelle fois, comme dans un mauvais film où les scènes se répètent à l'infini, Damien Véron s'inquiète. L'enquête n'avance pas assez. Et pas assez vite.

« *La seule certitude que nous ayons ? Tiphaine a été vue le dimanche matin au petit-déjeuner à l'hôtel et son téléphone s'est connecté au wifi de l'établissement, à 11 heures. Après, il n'y a plus rien. C'est un cauchemar... Si seulement il y avait eu des demandes de géolocalisation d'emblée...* »

La différence d'approche des méthodes policières et judiciaires entre France et Japon est pointée du doigt. Personne ne comprend pourquoi la recherche sur la téléphonie de la Poitevine, pierre angulaire du dossier, n'a toujours pas été réalisée. Sept mois après sa disparition !

« *Tout tourne autour de ça,* soupire Damien Véron. *Mais nous n'avons rien.* »

Sur les fadettes (relevés des flux téléphoniques) du portable de Tiphaine Véron (abonnée à Free), il y a bien les numéros entrants ou sortants mais aucune localisation géographique de l'endroit où elle se trouvait au moment du « bornage » par l'opérateur japonais Softbank. Chaque antenne-relais détecte l'accroche de votre portable quand vous changez d'endroit. Cette information est systématiquement demandée par les forces de l'ordre aux opérateurs en France, en cas de nécessité. Elle permet parfois de retrouver une personne suicidaire avant son passage à l'acte. C'était déjà arrivé à Poitiers avec un jeune qui tentait de mettre fin à ses jours du haut du parking Carnot. Il avait été retrouvé à temps, avant de commettre l'irréparable. Le bornage permet aussi de localiser une personne disparue. C'est très souvent le cas lors d'accidents survenus dans les massifs montagneux en France. Pas au Japon.

« *Il n'y a pas eu de mandat délivré aux opérateurs ! C'est le système japonais,* s'énerve Me Emmanuelle Bernard. *Au Japon, la police n'est pas chapeautée par le parquet. Tant qu'ils n'ont pas la preuve d'un crime, ils ne saisissent pas un procureur. Et sans magistrat, pas de mandat. Le problème aussi, c'est le statut de la partie civile. Il n'existe pas au Japon.* »

Le fossé culturel ajoute à l'incompréhension. Non seulement il faut ménager la « diplomatie de la courtoisie », dans un pays où le savoir-vivre n'autorise pas à critiquer ouvertement l'ordre établi, mais il y a plus insolite encore.

« *La disparition d'un adulte n'est pas considérée comme inquiétante au Japon. Il y a ce qu'on appelle les « évaporés », des femmes ou des hommes qui décident de disparaître volontairement à la suite d'une perte d'emploi ou d'une séparation,* explique Damien Véron. *Mais dans le cas de Tiphaine, la police a pourtant constaté qu'il n'y avait rien de volontaire.* » Ce sont d'ailleurs les policiers nippons qui avaient informé le consulat de France au Japon de la disparition de Tiphaine.

Le phénomène des « évaporés » est très bien décrit dans le livre de la journaliste Léna Mauger et du photographe Stéphane Remael[2]. Les auteurs, qui ont mené une longue enquête de terrain estiment à cent mille le nombre de disparus volontaires (soit 0,08 % de la population) dans l'archipel japonais, dont trente mille mettent fin à leurs jours. Le sujet reste un tabou au pays du soleil levant.

« *Notre dernier espoir, c'est l'instruction française* », explique Damien Véron qui prépare une expédition au Japon en juin. « *Pas pour enquêter* », prévient-il. *Pour fouiller le lit de la « Daiya River* » (il en a déjà ausculté 10 km). Même s'il sait, comme l'ensemble de sa famille, que la thèse accidentelle ne tient pas.

Quant à la thèse criminelle, elle ne repose que sur une qualification. Pas sur du concret. La juge d'instruction de Poitiers, saisie dans le cadre d'une information judiciaire ouverte pour « enlèvement et séquestration », attend toujours la traduction du dossier d'enquête japonais. Quelques jours plus tard, pour la première fois, la juge annonce enfin à l'avocate qu'elle va recevoir la famille courant avril.

Face à la juge d'instruction

Mars 2019. Le rapport d'enquête des policiers japonais, enfin traduit en français, est effectivement réceptionné par la juge d'instruction.

La famille a également accès à ces informations et découvre, enfin, que la police japonaise a obtenu de Softbank, l'opérateur japonais en lien avec Free, des données téléphoniques : « *Ce n'est pas complet mais les enquêteurs ont fait des demandes auprès de l'opérateur. Pour la famille, c'est à la fois un soulagement d'obtenir ces informations et une frustration parce qu'elle n'a pas plus de réponses à ses questions… La famille attend de savoir comment elle peut orienter les investigations pour en savoir plus sur la disparition de Tiphaine* », estime Me Emmanuelle Bernard.

---

2. *Les évaporés du Japon*, de Léna Mauger et Stéphane Remael, édition Les Arènes, 260 pages, 20,90 €.

La dernière preuve de vie de Tiphaine Véron provient d'une photographie prise par des touristes allemands au matin du 29 juillet 2018. On sait que son portable a borné sur le wifi de l'hôtel de Nikko à 11 heures. La famille découvrira bien plus tard que Tiphaine a fait des recherches sur Internet jusqu'à 11 h 40. Le rapport des policiers japonais indique que son portable Samsung a reçu plusieurs appels à 23 heures (heure locale) auxquels elle n'a pas répondu (ou pas pu répondre ?). Mais une fois de plus, à cette heure précise, on ne sait pas où le portable de Tiphaine Véron se trouve précisément, en l'absence de données de géolocalisation. C'est tout l'enjeu des recherches.

Sans ces précieuses informations, impossible de retracer le parcours de la Poitevine. La juge d'instruction en sait-elle plus ? Va-t-elle demander aux policiers français de partir au Japon ?

Le jeudi 18 avril 2019, dans la matinée, la magistrate accueille la famille. Il y a Anne Désert, la maman, Benoît Véron, le papa et les trois enfants, Sibylle, Damien et Stanislas, accompagnés de leur avocate, Emmanuelle Bernard. Un long entretien. « *Enfin !* se félicite Damien Véron, *nous avons pu la voir les yeux dans les yeux. Elle a beaucoup d'empathie. C'était important pour nous, constructif. Nous avons énormément parlé de la personnalité de Tiphaine, je pense qu'elle avait besoin de la connaître.* »

Pour autant, malgré deux heures trente de discussion, la famille n'apprend rien de nouveau sur le fond. Et sur la forme ? L'envoi d'officiers de police judiciaire français au Japon ?

« *Il n'y a pas d'opposition, pas de raison que les Japonais refusent, selon elle. Mais il n'y a pas de rapidité non plus. Ils sont lents* », se désole le frère qui pense qu'elle s'attendait à un rapport d'enquête japonais « plus fourni, plus détaillé ».

« *Le gros point noir, c'est la téléphonie. Même l'ambassadeur de France au Japon avait tenté d'actionner des leviers auprès de la police à Tokyo*, martèle Damien Véron. *J'espère que cette juge ne sera pas embêtée pour l'envoi de policiers français. Mais elle a insisté sur le fait qu'il allait être compliqué d'organiser des recherches physiques.* »

En clair, il n'y aura pas de moyens comme on aurait pu en mobiliser en France.

Des recherches à 30 000 €

Face à une enquête incomplète, des réponses qui tardent à venir, la famille ne peut compter que sur elle-même. Elle lance un nouvel appel à la solidarité *via* une nouvelle cagnotte pour monter une grosse expédition de recherches. Budget prévisionnel : 30 000 €.

Sibylle et Damien Véron seront du 6 au 18 mai 2019 à Nikko.

« *Nous partons avec une équipe d'experts spécialisés de Genève dans la recherche en montagne et rivières, Moutain Medic Events, comprenant des alpinistes, plongeurs et peut-être un chien. L'objectif est de lever un doute sur la disparition accidentelle de Tiphaine dans la rivière. Nous allons faire des recherches sur 25 km de berges et dans le cours d'eau avant l'arrivée des typhons au mois de juillet. Nous l'organisons pour éviter d'avoir des regrets. En France, cette recherche aurait été organisée immédiatement. Mais nous sommes obligés de lever le doute...* »

La famille peut compter sur la mise à disposition à titre gracieux d'une maison appartenant à l'ambassade de France au Japon, située près du lac Chuzenji, à trente minutes de Nikko.

« *C'est grâce à l'ambassadeur Laurent Pic et sans ça, il serait impensable de le faire. Il faut payer les salaires et les billets d'avion de l'équipe de recherches...* »

Le 7 mai, Sibylle et Damien Véron décollent de l'aéroport de Genève avec ces cinq spécialistes du secours en montagne et 200 kilos de matériels (cordages, cuissardes, hydrospeed...). L'objectif ? Sonder les berges de la Daiya River qui court sur une quinzaine de kilomètres avant de se jeter dans la Kinu River (110 km). Les français veulent effectuer ces recherches avant l'arrivée des typhons.

« *Notre but n'est pas de plonger mais de sonder les berges, les zones humides*, précise Rémy Devidal, responsable de Moutain Medic Events, touché par l'histoire de cette disparition. *Si on pouvait, on le ferait bénévolement. Très clairement, on ne gagne rien et on perd même un peu d'argent à le faire, mais c'est important.* »

« *Nous allons chercher non-stop, du matin au soir, vivre avec le soleil* », préviennent la soeur et le frère, 35 et 38 ans, épaulés par ces spécialistes du secours en montagne et aidés d'une infirmière en charge de la bobologie, mais aussi de la logistique et des relations avec les autorités.

Damien Véron est tendu avant de partir. « *Pour la première fois depuis la disparition de ma sœur, nous allons faire de vraies recherches à pied avec des spécialistes. Je suis assez angoissé qu'on trouve quelque chose... ou qu'on ne trouve rien...* »

À la demande du journal local, Sibylle et Damien Véron donnent des nouvelles quand ils peuvent.

C'est le cas lors de leur arrivée au Japon.

« *Après un interminable voyage en avion de plus de 16 h, arrivée au Japon. Pour nous Français, c'est vraiment le bout du monde ! Il est 21 h 30, nous traversons Tokyo sur cet enchevêtrement d'autoroutes futuristes comme on en voyait dans nos livres d'histoire-géographie enfant, direction Nikko où Tiphaine a disparu le 29 juillet dernier. À bord de notre monospace : Rémy, chef de Mountain Medic Events, ses coéquipiers, Émilie, infirmière, Nicolas, Aurore, Emma, pisteurs-secouristes, et tout leur équipement (baudriers, combinaisons et même deux hydrospeeds). 200 kg de matériel nécessaire pour fouiller plusieurs kilomètres des berges de la rivière Daiya à la recherche d'un indice. Les recherches commencent demain après un repérage indispensable de la zone. Une équipe de la télévision japonaise Fuji TV, déjà là à notre arrivée à l'aéroport de Narita, va assister aux premières recherches.* »

Mais la sœur et le frère ne trouvent rien. Une fois de plus.

« *C'était psychologiquement difficile*, soupire Damien Véron, épuisé à son retour de mission. *Malgré trente kilomètres de berges fouillés, aucune trace de Tiphaine. C'était aussi épuisant physiquement avec de très grosses journées. Mais je suis rassuré d'avoir mené ces recherches.* »

La piste accidentelle, privilégiée par la police nippone, tombe -sans mauvais jeu de mots - à l'eau.

« *Nous avons enlevé un gros doute. De l'aveu de la population locale, quand quelqu'un tombe dans la rivière, on retrouve toujours quelque chose. Or, nous n'avons rien trouvé sur les 35 à 40 km de berges explorées.* » Les conditions de recherches étaient alors idéales avec un cours d'eau au débit faible et une végétation pas encore trop exubérante, entre le pont du commissariat et la jonction avec la Kino River.

« *Nous avons passé beaucoup de temps là-bas. Il y avait beaucoup d'objets, notamment de pêcheurs et des îlots. Nous n'avons rien trouvé concernant*

Tiphaine. » L'appui technique des spécialistes de recherches en milieux périlleux, dans des conditions très compliquées (serpents venimeux, sangsues...), a été déterminant.

« *Il était indispensable d'avoir l'appui de Moutain Medic Events. Ils ont été formidables, impliqués et pleins d'empathie...* » Un seul coin n'était pas accessible : un amas de branchages.

À cet instant, la famille compte sur les chiens de la police de Nikko pour effectuer ce complément de recherches. Mais les forces de l'ordre sont plus préoccupées par ces recherches familiales privées que par autre chose, selon Damien Véron. « *À leur demande, une réunion a eu lieu dès notre arrivée et nous devions signaler tous les jours notre zone de recherche.* »

Lors d'une nouvelle rencontre avec l'ambassadeur de France au Japon, Laurent Pic, et des responsables japonais, la question de la géolocalisation du portable de Tiphaine Véron est de nouveau abordée. « Mais c'est toujours aussi flou », selon Damien Véron, qui n'espère qu'une chose, comme ses proches : l'envoi de policiers français au Japon. Il ne le sait pas encore, mais, au moment où il exprime ce souhait, deux enquêteurs de la police judiciaire de Poitiers se sont rendus au Japon, selon une confidence de l'avocate de la famille Véron, Me Emmanuelle Bernard, en cette fin juin. Dès l'annonce de cette nouvelle, la famille exprime, dans un communiqué de presse « son émotion et sa reconnaissance pour la justice française. »

Mais elle tempère aussitôt : « *Ce voyage a suscité tout autant de frustrations puisqu'il semble que cette rencontre n'a permis finalement que de compléter le retour d'une commission rogatoire très superficielle. Si nous restons dans l'attente de connaître précisément le contenu des investigations, il apparaît manifestement qu'une bonne partie de ces éléments était accessible depuis des mois et qu'ainsi la recherche de Tiphaine n'a pas pu avancer.* »

Rencontré un peu plus tard, Damien Véron, l'exprime de manière encore plus claire : « *Nous espérons qu'ils ont récupéré la totalité du dossier d'enquête, notamment les éléments sur la téléphonie.* »

La marche de Nikko

En attendant des éléments probants sur l'enquête, la famille poursuit le battage médiatique. Le seul levier qu'elle maîtrise vraiment. Après la

« marche de l'espoir » organisée en novembre à Poitiers, Anne Désert et son fils Damien préparent une manifestation équivalente au Japon du 23 juillet au 1er août. Le journaliste de *La Nouvelle République/Centre Presse* retrouve cette maman inquiète lundi 22 juillet 2019, chez elle, à Poitiers, juste avant son départ.

« *J'ai pleuré toute la journée...* », confie Anne Désert, inconsolable. *C'est le jour de son anniversaire, je revis sa naissance, la fête de l'an passé, c'est douloureux... Mais ils se mobilisent beaucoup pour nous au Japon. Il faut être sur place. Il est important de faire une marche avec les gens de Nikko et la communauté française. Pour Tiphaine, et aussi pour les Japonais qui ont des disparus dans leurs familles. Nous avons toujours l'espoir de la retrouver.* »

La marche est prévue dimanche 28 juillet 2019 au départ de la gare Tobu Nikko et jusqu'à l'hôtel où Tiphaine Véron a été vue pour la dernière fois. Les proches de Tiphaine sont accueillis dès mercredi à Tokyo durant deux jours par la communauté française au Japon et les élus consulaires autour de l'Union des Français de l'étranger.

Ils rencontrent l'avocat nippon avant un dîner le soir avec les Français. Un entretien avec l'ambassadeur de France au Japon, Laurent Pic, est organisé. Anne Désert et Damien Véron se rendront ensuite à Nikko pour distribuer des flyers et organiser la marche du dimanche. Les deux plus grandes chaînes de télévision du pays du Soleil levant, Fuji TV et TV Asahi, ont déjà prévu de couvrir cet événement inédit au Japon, ainsi que plusieurs médias régionaux et locaux. Une rencontre aura aussi lieu avec la police et l'ambassadeur.

« *Nous avons envie de savoir comment s'est passée l'entrevue entre les officiers de la police judiciaire français et nippons et savoir si les enquêteurs japonais ont pu avancer sur les données téléphoniques de Tiphaine* », indique Damien Véron.

Pour lui, il s'agit du 5e voyage en moins d'un an. Il veut en profiter pour mener de nouvelles recherches avec des chiens de la Japan Rescue dans l'amas de branchages qui n'a pas été fouillé au mois de mai par la police. Comme il l'espérait alors.

« *C'est un voyage qui montre que nous continuons à nous battre. Jusqu'à la fin de mes jours, je ne vais rien lâcher...* », confie Anne Désert qui envisage, comme son fils, de s'installer au Japon.

Dans l'immédiat, elle compte sur la médiatisation, une nouvelle fois, pour raviver une étincelle d'espoir : « *Imaginez qu'elle soit séquestrée, prostituée quelque part ? Si une télévision est allumée par hasard et qu'elle voit sa famille au Japon, ça peut lui donner un sursaut d'énergie, l'envie de s'enfuir... Je voudrais un signe.* »

Cette maman bousculée par la douleur profite de sa présence au Japon pour lancer un appel depuis Tokyo, dans une courte vidéo de 25 secondes postée sur Youtube. Son témoignage est bouleversant.

« *J'ai la certitude que quelqu'un, à Nikko, a vu quelque chose, est témoin d'une scène. Je vous en supplie, manifestez-vous. Ne nous laissez pas dans l'angoisse. Ne laissez pas notre vie dévastée...* »

Anne Désert demande aux témoins potentiels de se manifester pour comprendre ce qui a pu arriver à sa fille, il y a un an.

La marche organisée à Nikko connaît un succès plus médiatique que populaire en ce dimanche 28 juillet 2019. Le Japon n'est pas la France. Au pays du Soleil levant, on ne manifeste pas. « Don't forget Tiphaine », n'oubliez pas Tiphaine, est-il écrit sur les pancartes.

La mobilisation permet à la famille de remercier les soutiens. Elle espère aussi provoquer un déclic chez d'éventuels témoins. L'événement a aussi un autre intérêt : envoyer un message par médias interposés à Tiphaine Véron dans l'hypothèse où elle serait encore en vie...

« *Les Japonais sont venus au rassemblement entre 9 h et 10 h, mais beaucoup ne sont pas restés. Ils venaient nous saluer, nous encourager puis ils repartaient. Ils ont été un peu effrayés par la mobilisation importante des médias japonais parce qu'ils sont très discrets. Lors de la marche, beaucoup de commerçants rencontrés depuis deux jours sont sortis pour nous encourager. Mais la manifestation en elle-même, au Japon, ce n'est pas culturel. On ne peut pas dire qu'il y avait une foule importante* », relate Damien Véron.

Pendant ce temps, à Paris, Sibylle Véron maintient la pression médiatique en accordant une interview sur le plateau de la chaîne cathodique CNEWS : « *Nikko, ce n'est pas une grande ville.* A priori, l*es gens peuvent avoir vu quelque chose. Il faut que l'enquête continue, avec les deux polices. Il y a une collaboration qui s'est mise en place. Il faut que des auditions soient menées, qu'on y ait accès. Ça ne peut pas s'arrêter là. Il y a eu beaucoup d'efforts déployés, mais ce n'est pas suffisant.* »

Une nouvelle fois, Damien rentre bredouille de ses recherches autour de l'hôtel et dans des lieux de promenades autour de Nikko. « *Il y a peu de voies pédestres et la plupart sont inaccessibles, il faut vraiment être un alpiniste. C'est une bonne chose de ne rien trouver, ça permet de garder espoir. Plus le temps passe, plus la piste accidentelle s'écarte.* »

Aucun objet, pas d'indice. Et toujours rien, ou trop peu, sur la téléphonie.

« *La mauvaise nouvelle, c'est qu'il n'y a jamais eu de réquisition des données de Softbank. Les données ont été écrasées depuis belle lurette. Sans réquisition, sans saisine conservatoire, comme en France, on est foutu.* »

Les seules données tangibles obtenues sur la téléphonie le sont grâce à la famille avec l'accord de l'opérateur Free, grâce aux messages dits « de détachements ». Ce sont des informations transmises automatiquement par le portable sur son état (perte de réseau, batterie faible...). Ont-elles été sauvegardées ? Selon les déductions faites par la famille, un constat s'impose : le téléphone de Tiphaine Véron n'était plus actif dès le 29 juillet 2018. Sans trace accidentelle, il reste cette mystérieuse voie criminelle. Damien Véron espère « *juste que Tiphaine est en vie et qu'elle ne souffre pas...* »

Unis pour Tiphaine Véron

Malgré le temps qui passe, la solidarité autour de la disparition de Tiphaine Véron ne s'estompe pas, à Poitiers.

Le 22 septembre 2019, la famille parvient à récolter 1 730 € au vide-greniers de la fête des Trois Quartiers. L'argent doit servir à organiser une nouvelle mission de recherche au Japon. Elle n'aura finalement jamais lieu à cause de la pandémie de Covid-19.

Pour inscrire le combat dans la durée, la famille décide de créer une association loi 1901 début décembre 2019 : *Unis pour Tiphaine*. Un an et demi après la disparition de la Poitevine, le site internet unispourtiphaine.org voit le jour.

La création de l'association a un autre intérêt : trouver des fonds. Toutes les investigations réalisées par la famille ont un coût très important. Depuis le début des recherches, environ 50 000 € ont été dépensés (25 000 € en recherches, 15 000 € en transports, 7 000 € pour les avocats...).

La famille, qui songe à s'entourer d'un détective privé, le martèle, en début d'année 2020 : « *Nous réclamons une enquête franco-japonaise comme le prévoient les accords internationaux, de nouvelles et sérieuses auditions doivent avoir lieu. Des caméras de vidéosurveillance doivent encore être vérifiées et des données de téléphonie récupérées, si c'est encore possible. Il faut aussi que la juge ait accès à tous les éléments du dossier, comme les traces de luminol (révélateur de traces biologiques) révélées dans la chambre de Tiphaine.* » Damien Véron avait en effet assisté, comme témoin, à cette recherche de traces avec les policiers japonais au début des investigations. D'inquiétantes projections (de sang?) avaient été mises à jour sur un mur. Mais les policiers nippons n'avaient pas été chercher plus loin.

Ce qui rend la famille furieuse, c'est le rapport d'enquête japonais. Un dossier de cent cinquante pages qui comprend des photos, de la documentation sur le bornage du téléphone et les auditions de l'hôtelier, de sa fille, des clients de l'Hôtel *Turtle Inn*. Mais il révèle surtout de nombreuses lacunes.

« *Des auditions menées tardivement, sous notre pression, celle de la police et de la diplomatie française. Et surtout des auditions incomplètes et extrêmement contradictoires autour du départ de l'hôtel de Tiphaine* », estime la famille.

« *C'est très étrange : le jour de son arrivée à Nikko et avant son départ de l'hôtel, le 29 juillet 2018, les propos de tous les témoins concordent. Mais à partir de 10 heures (heure de son départ supposé), les versions de tous diffèrent. Comment se fait-il que ces vérifications n'aient pas été creusées, les versions confrontées ? Les témoignages divergent d'autant plus que le départ de Tiphaine de l'hôtel n'aurait pas eu lieu avant la fin de matinée, d'après les informations de géolocalisation que nous avons réussi à obtenir.* »

En France, Sibylle et Stan ont longuement travaillé avec des experts sur les données du compte Googlemaps de Tiphaine Véron. Les points GPS ont permis de suivre les déplacements de leur sœur dès son arrivée au Japon et jusqu'au dimanche, 11 h 40, où sa trace disparaît (fin de la connexion wifi).

« *Nous avons la certitude que Tiphaine se trouvait bien dans l'hôtel jusqu'à ce moment-là*, affirme la famille. *Elle est restée dans sa chambre d'hôtel pour faire des recherches, des réservations de trains et d'hôtels, pour vérifier son compte bancaire et étudier ses itinéraires du jour (temples et sites bouddhas). Mais il manque toujours les données de bornage de l'opérateur japonais Softbank. Elles permettraient de savoir où était Tiphaine après son départ de l'hôtel et jusqu'à sa disparition. Désespérés, nous avons écrit à Xavier Niel, le patron de Free. Avec son équipe, il nous a aidés à comprendre pourquoi : dès 18 h 11, le 29 juillet 2018, le téléphone de Tiphaine ne fonctionnait plus pour une cause irrégulière (chute du téléphone, batterie enlevée, téléphone submergé...)* »

À ce stade, la famille attend toujours de la police japonaise et de Softbank les données comprises entre 11 h 40 et 18 h 11, pour comprendre. Les proches évoquent un « manque d'expérience » de la police japonaise. Mais il y a surtout les deux spécificités culturelles précédemment évoquées pour l'expliquer : les Japonais ne cherchent pas leurs disparus, conséquence du phénomène dit des « évaporés ». Et même si la criminalité est officiellement faible au Japon, la découverte de cadavres (parfois démembrés, notamment à Nikko) n'entre pas dans la comptabilité criminelle... tant que l'affaire n'a pas été résolue !

Malgré l'insistance des autorités à montrer la quiétude d'une ville touristique comme Nikko, les cas d'agressions et les profils de délinquants sexuels existent aussi là-bas.

Les vedettes entrent en piste

Juin 2020. Après un accompagnement solide de Me Emmanuelle Bernard (barreau de Poitiers) pendant un an et demi, la famille décide de changer d'avocat pour défendre ses intérêts. Pas n'importe lequel. Il s'agit de Me Antoine Vey, associé d'Éric Dupond-Moretti, célèbre et médiatique avocat pénaliste de la place parisienne. « *Nous travaillons sur ce dossier*, confirme l'avocat parisien. *Il est normal que cette famille ait beaucoup de questions. Ils sont rationnels et ils ont une bonne connaissance des éléments judiciaires. Il y a eu des choses partiellement faites, d'autres sont manquantes. Nous voulons voir ce que la justice française peut débloquer et voir ce qui peut être fait sur le sol japonais, par une source officielle ou privée, pour exclure l'origine criminelle. Notre travail est d'avoir une démarche rationnelle, sans rentrer dans la théorie du complot. Cette famille a un combat légitime* ».

Le nouveau conseil de la famille prend attache avec la juge d'instruction, en charge du dossier au tribunal judiciaire de Poitiers.

« *Nous sommes dans un autre temps*, explique Damien Véron, frère de Tiphaine. *Il faut remobiliser les acteurs et il est important de donner un nouveau souffle avec ce cabinet d'avocats. Le temps n'est pas un allié pour nous.* »

Après avoir perdu trois mois à cause de l'épidémie de Covid-19, la famille espère revenir au Japon dès le mois de septembre. En attendant, elle travaille à l'écriture d'un livre sur la disparition de Tiphaine Véron[3] : « *Nous avons le récit. Il faut à présent le proposer à des maisons d'édition. Une chose est sûre, nous ne restons pas inactifs. Nous n'abandonnerons pas Tiphaine...* »

Toujours à la recherche de soutiens médiatiques, les proches parviennent à convaincre Élie Semoun de publier une vidéo sur son compte Twitter, vendredi 24 juillet 2020.

« *Cette vidéo c'est un peu une bouteille à la mer,* lance l'humoriste face caméra. *Il y a deux ans, Tiphaine a disparu, elle était au Japon dans une ville qui s'appelle Nikko. Plus personne n'a de ses nouvelles, évidemment, sa famille est désespérée, sa sœur, sa mère, ses parents.* »

En décembre 2020, la famille a un autre motif de satisfaction : l'enquêteur privé Jean-François Abgrall rejoint le combat pour la vérité sur la disparition de Tiphaine Véron. On doit à cet ancien militaire la mise en cause d'Émile Louis dans l'affaire des disparues de l'Yonne et des révélations sur Francis Heaulme...

Après vingt ans de gendarmerie, notamment dans les groupes chargés d'enquêter sur les homicides, ce psycho-criminologue renommé a monté sa propre agence en 2000. Il annonce qu'il va travailler pour Tiphaine comme il l'a fait pour les autres affaires : en prenant son temps. « *Le plus long, c'est maintenant !* confirme-t-il. *C'est un travail de fond. Nous défrichons le dossier depuis un mois et demi. Par expérience, je sais qu'il ne sert à rien d'aller courir dans un endroit. Je ne vais pas à la pêche. J'ai besoin de m'imprégner du dossier pour faire des choses efficaces.* »

Environnement de la disparition, sociologie du pays, approche culturelle, psychologie de la victime, l'enquêteur contextualise pour

3. « *Tiphaine où es-tu ?A la recherche de notre sœur* », par Sibylle et Damien Véron a été dévoilé le 2 juin 2022, à Paris. Éditions Robert Laffont, 540 pages. 20,90 €.

approcher la vérité. Et il a déjà pointé des anomalies dans la disparition de Tiphaine Véron évoquant une « évaporation étonnante ».

« *Ça faisait deux fois qu'elle allait au Japon. Elle était bien organisée. L'enquête policière faite sur place ne répond pas à la moitié des questions que l'on se pose. La thèse accidentelle ? À partir du moment où on ne trouve pas de corps, surtout après des recherches, c'est une anomalie. Elle est à l'hôtel et tout s'arrête. Autour de ça, la vie continue normalement. Dans le climat criminologique, c'est lisse : parce qu'on ne veut pas le dire ou parce qu'il y a quelque chose ? Je trouve surprenant qu'elle ait pu disparaître ainsi dans un lieu touristique, on aurait dû retrouver quelque chose !* »

Jean-François Abgrall veut, à terme, demander des actes complémentaires techniques à la juge d'instruction.

Aucun typhon à l'horizon

Cette nouvelle approche sur l'enquête de Me Antoine Vey et de Jean-François Abgrall redonne de l'espoir à Damien Véron, le frère de Tiphaine.

« *D'août à décembre 2019, il ne se passait plus rien, c'était un cauchemar ! Et puis il y a eu le confinement, qui a eu l'avantage de permettre à l'avocat de réaliser un gros travail d'analyse sur les enquêtes françaises et japonaises. L'enquêteur Jean-François Abgrall sera autonome. Nous allons lui donner nos contacts au Japon et nous allons nous effacer au profit de son travail. Je suis soulagé qu'il prenne l'enquête en main.* »

La famille, qui prévoit toujours de retourner au Japon, « si elle ne gêne ni l'enquêteur, ni l'avocat », espère encore lancer des recherches autour du lac Chuzenji et dans les chutes de Kegon, dans le parc national de Nikko.

« *Tiphaine avait évoqué cette possibilité d'excursion avec des touristes le matin de sa disparition… Ce qui est lassant, depuis le début, c'est que nous demandons toujours la même chose, nous tournons en rond* », soupire Damien lors du tournage d'un épisode sur Tiphaine de l'émission *Dans les yeux d'Olivier* (diffusée sur France 2), le 15 mars 2021, avec le documentariste Olivier Delacroix.

Pour la piste accidentelle liée au typhon, privilégiée dès le départ par la police japonaise, c'est déjà plié. En septembre 2021, un hydrologue français rend un rapport, versé au dossier d'instruction. Le typhon ? C'était une « petite tempête », selon lui, assez fréquente au Japon : « *Les pluies sont importantes dans la nuit du 28 au 29 juillet mais pas exceptionnelles avec une crue limitée de la rivière.* » Surtout, signale-t-il, le « *pic de la petite crue est passé vers 3 h du matin* ». Quand Tiphaine Véron est sortie de l'hôtel *Turtle Inn,* à 11 h 40, la rivière traversant Nikko avait retrouvé un niveau quasi normal.

« Si nous avions eu cette expertise dès le départ, nous aurions économisé du temps et de l'argent dans ces recherches, soupire Damien Véron. *Si l'on y ajoute le fait qu'une caméra filme la rivière et qu'en cas de chute, un corps passe à l'endroit le plus touristique de Nikko, la piste accidentelle est définitivement écartée. Cette information marque un tournant. C'est un peu notre dernière chance* ».

Le regard de Tiphaine

À Poitiers, la solidarité permet, encore et toujours, à la famille de poursuivre le combat pour la vérité.

Nous sommes près de trois ans après la disparition de Tiphaine Véron. La population n'oublie pas. Et, à force de médiatisation, toutes les propositions d'aides donnent de la visibilité au combat de la famille. Celle du grapheur professionnel « Rebeb », bien connu dans la Vienne, est la plus visuelle de toutes. Très tôt, il propose à la famille la réalisation d'un graff sur un mur de la ville.

« *Une amie est une connaissance de Tiphaine*, explique-t-il. *Je suis motivé pour réaliser son regard sur un mur d'expression libre, bénévolement. C'est ma contribution. Ça me fait plaisir de les aider. Ils mettent beaucoup d'énergie pour les recherches, pour l'enquête et c'est ma manière à moi de les soutenir.* »

Pendant des mois, les proches de Tiphaine Véron bataillent pour obtenir l'autorisation d'un mur permanent. Ces intenses tractations porteront leurs fruits avec la Ville de Poitiers et la SNCF, propriétaire du mur en question, au 48, boulevard du Grand-Cerf, à Poitiers, entre le Centre national de la fonction publique territoriale (CNFPT) et le loueur Europcar. Le graff, un magnifique regard de Tiphaine Véron, voit le jour le 27 juillet 2021. Cette œuvre artistique apparaît au moment où une commission rogatoire internationale est envoyée au Japon pour la réalisation de nouveaux actes d'enquêtes.

Trois mois plus tard, la famille de Tiphaine Véron annonce se féliciter du « soutien total de l'Élysée » pour l'ouverture d'une enquête criminelle au Japon. Une annonce faite suite au déplacement du président français dans la Vienne, pour le lancement officiel des États généraux de la justice.

Mais quel crédit accorder à ce type d'annonce tant les désillusions ont été légion depuis la disparition de Tiphaine Véron ? La famille le sait : l'avenir de l'enquête sur la disparition de Tiphaine Véron s'écrira désormais quasi exclusivement dans le cadre d'une enquête privée financée par ses soins.

Il faut répondre, une fois pour toutes, aux questions restées trop longtemps en suspens : quel est le dernier lieu où le téléphone a borné ? Les images des caméras de surveillance ont-elles livré toute leur matière ? Qui a été interrogé ou pas ? Que veulent dire les traces de sang découvertes au luminol dans la chambre d'hôtel de Tiphaine ? Qui est ce faux guide qui harcelait des touristes dans la région de Nikko ? Le climat criminologique propre à la région de Nikko peut-il donner des pistes ?

Cette enquête menée à l'autre bout du globe aura un coût (60 000 €) encore provisoire : celui du déplacement de l'avocat Me Vey et de l'enquêteur Jean-François Abgrall au Japon.

Sans doute à plusieurs reprises.

« Faire cesser la torture d'un long silence »

Ainsi s'achève l'histoire, toujours en suspend, sur la disparition de Tiphaine Véron en cet été 2022.

Si la lecture des faits vous a semblé redondante voire répétitive, c'est pour une raison simple : les proches de Tiphaine Véron ont été placés dans un labyrinthe dont la réalisation du plan de sortie aurait pu être confiée à un disciple de Kafka.

Depuis quatre ans, ils vivent une torture mentale permanente, ballottés au gré de forces policières, judiciaires, politiques, diplomatiques qu'ils ne maîtrisent pas. Au bout de mille cinq cents jours, la principale victoire arrachée par la famille est aussi la plus importante : Tiphaine Véron n'est pas tombée dans l'oubli.

Si les médias ont eu leur rôle, la sollicitation des « people » a aussi été déterminante. Celle obtenue auprès de l'actrice Fanny Ardant, deux ans et demi après la disparition de Tiphaine, est l'une des plus marquantes. Dans une vidéo de 6 minutes et 57 secondes diffusée sur la chaîne Youtube, la contribution de l'actrice réalisatrice est, sans aucun doute, la plus poignante. C'est aussi celle qui résume le mieux tout ce qui s'est passé depuis la disparition de Tiphaine Véron au Japon, le 29 juillet 2018. D'une voix suave et caressante, Fanny Ardant s'adresse directement à la Poitevine disparue :

« *Tiphaine, voici deux ans et demi que nous te cherchons.*

Le 29 juillet 2018, tu disparais au cours d'un voyage au Japon. À Nikko, précisément.

Sur les dernières photos de toi, dans un petit magasin japonais, ton sourire est immense. Ton enthousiasme, dans tes messages à ta famille et tes amis, est contagieux. Je comprends pourquoi. C'est le voyage de tes rêves et tu as mille envies. Rien n'aurait pu t'empêcher d'aller dans ce pays qui te ressemble, par ce mélange de pudeur, de respect des règles et d'excentricité. Et tu as rassuré ta famille avant ton départ : le Japon est le pays le plus sûr au monde ! Un adage populaire bien usé et une réputation si peu méritée à la lueur des événements. Qui t'a injustement privée de ta liberté ? Qui a décidé de t'arracher à ceux qui t'aiment ?

Le dimanche de ta disparition, tu comptes aller visiter les temples et les musées. Tu en parles avec plusieurs clients au petit-déjeuner à ton hôtel. Le propriétaire dit t'avoir vue quitter son établissement vers 10 h. En réalité, tu es restée jusqu'à 11 h 30 à naviguer sur Internet.

Et après ? Plus un signe de toi. À la place, soudain, le silence.

Jusqu'à cet appel de la police locale à ta mère : « Comment votre fille réagirait-elle en cas d'enlèvement ? » Toutes tes affaires sont restées dans cette petite chambre de cette pension familiale. Ta valise, ton passeport, tes cadeaux pour tes hôtes japonais. Plus une trace de toi à travers ces mêmes rues où, la veille, les caméras de surveillance immortalisaient ton image. Aucune trace de toi non plus dans les hôpitaux et dans les bois environnants.

Les officiers japonais sont inquiets, certes. Malheureusement, au Japon, ce n'est pas suffisant pour ouvrir une enquête criminelle, pour se mettre à interroger les témoins ou localiser ton téléphone. Non, là-bas, il n'est pas d'usage de chercher les disparus, même quand les circonstances sont plus qu'inquiétantes. Les policiers n'en ont pas l'habitude et quelle situation gênante... Une Française qui disparaît au Japon, il ne faut surtout pas ternir la réputation du pays et faire fuir les touristes. Oui, mieux vaut conclure à un accident pour la quiétude générale. Même si des traces de sang sont révélées au luminol dans ta chambre d'hôtel. Même si des panneaux mettent en garde les femmes contre la présence de rôdeurs aux abords des temples. Même si le corps démembré d'une femme est retrouvé à quelques kilomètres, en aval dans la rivière.

Oh, il est tellement difficile pour nous, Français, de comprendre cette mentalité japonaise. Cette forteresse qui se dresse au prix d'une vie humaine, obligeant ta famille à mener ses propres recherches. Aujourd'hui, elle est en droit de se demander : n'es-tu jamais sortie de ton hôtel ? Pourquoi ton téléphone a-t-il cessé de fonctionner pour une cause anormale ? Du type batterie arrachée, d'après les experts. Et si tu étais entre les mains d'un ravisseur ? Au moins une certitude, ton corps n'est pas dans cette rivière. Le courant ne t'a jamais emportée sous ce pont sacré, couleur écarlate.

Le pire pour ta famille, c'est de voir les inspecteurs de Nikko s'opposer à toute collaboration avec les enquêteurs français. Ils ne veulent pas non plus travailler avec la juge dans ta ville, à Poitiers. Au nom de quoi ? Question d'honneur, ma chérie... J'en suis désolée. À se demander ce que vaut la parole de deux chefs d'Etats qui se sont pourtant personnellement engagés, dans cette tragédie, à faire tout ce qui était en leur pouvoir. Cette amitié, entre la France et le Japon, ne serait-elle qu'une relation de façade ?

L'espoir renaît lorsque ta famille franchit les portes d'un grand cabinet d'avocats derrière lesquelles se trouvent un jeune et brillant pénaliste, Antoine Vey. Il est l'ancien associé d'Éric Dupond-Moretti et l'avocat français de Julian Assange. Et ton dossier, Tiphaine, lui tient à cœur. Ce combat pour te retrouver est légitime, ta disparition mérite une enquête. La justice française a le devoir de chercher ses citoyens. Et si les Japonais refusent de traquer le criminel qui s'en est pris à toi, alors un homme pourrait s'en charger : Antoine Vey a décidé de faire appel à Jean-François Abgrall. Un homme exceptionnel, cet ancien gendarme. La France lui doit les arrestations des tueurs en série Francis Heaulme et Émile Louis. À l'étranger, Jean-François Abgrall a retrouvé le meurtrier d'un jeune étudiant français. Encore un tueur en série. Sache que ce détective privé est absolument convaincu que nous pouvons te retrouver toi aussi, Tiphaine. Nikko est loin d'être un « paradis pour les touristes ».

Son enquête peut permettre de te rendre à ta mère, même si c'est pour te coucher sous terre. C'est une promesse qui nous donne confiance à tous.

À vous aussi qui m'écoutez, j'en suis certaine.

Mais comprenons-nous bien : cette enquête ne peut pas continuer sans mécène, sans soutien financier. Vous voulez aider Tiphaine et sa famille ? Faire cesser la torture d'un long silence ? Vous aussi, vous voulez vous battre pour la vérité ?

Il n'y a qu'une possibilité : faites un don à l'association sur le site www. unispourtiphaine.org

Allez-y. Jusqu'au bout.
Je compte sur vous.
Du fond du coeur.

Merci. »

LEXIQUE JURIDIQUE
(source : ministère de la Justice)

Accusé : personne mise en examen pour un crime et renvoyée devant une cour d'assises pour y être jugée.

Acquittement : décision d'une cour d'assises déclarant non coupable un accusé jugé devant elle pour crime.

Acte de procédure : acte respectant certaines formes prévues par la loi que les parties (le demandeur ou le défendeur), leur représentant ou les auxiliaires de justice (avocat, avoué, huissier de justice…) doivent accomplir afin d'engager une action en justice (une assignation, par exemple). L'objectif est d'assurer le bon déroulement de l'instance, de la suspendre ou de l'éteindre.

Action civile : action en justice ouverte à la victime d'une infraction pénale (contravention, délit, crime) pour demander réparation du préjudice qu'elle a subi et réclamer des dommages-intérêts. Cette action peut être exercée, au choix des victimes, soit en même temps que l'action publique devant les juridictions pénales, soit séparément devant les juridictions civiles.

Action publique : action en justice exercée contre l'auteur d'une infraction visant à le traduire devant une juridiction pénale. Elle est déclenchée par les magistrats du ministère public (parquet), certains fonctionnaires ou par la victime (voir aussi constitution de partie civile).

Administrateur *ad hoc* : personne de plus de 30 ans, digne de confiance, désignée par un magistrat pour assurer la protection des intérêts d'un mineur, en cas de conflit avec ses parents (ou l'un d'eux). L'administrateur *ad hoc* est désigné parmi les proches de l'enfant ou sur une liste de personnalités. Le procureur de la République ou le juge d'instruction, saisi de faits commis volontairement contre un mineur, peut désigner un administrateur *ad hoc*, lorsque ses parents (ou l'un d'eux) n'assurent pas complètement la protection de ses intérêts. Cette personne peut se constituer partie civile au nom et pour le compte du mineur.

Aide juridictionnelle : aide financière qui permet aux personnes sans ressources ou ayant des revenus modestes d'obtenir la prise en charge par l'État, selon les revenus de l'intéressé, de la totalité ou d'une partie des frais d'un procès (honoraires d'avocat, frais d'huissier ou d'expertise....). Elle peut être accordée devant toutes les juridictions dans les conditions prévues par la loi et après étude du dossier déposé ou adressé au bureau d'aide juridictionnelle. Elle peut aussi être accordée en cas de transaction en-dehors d'un procès.

Appel : voie ordinaire de recours qui permet à une personne non satisfaite par une décision de justice rendue en premier ressort (ou première instance), de faire réexaminer l'affaire, en fait et en droit, par la cour d'appel. La personne qui fait appel est « l'appelant » ; celle contre laquelle l'appel est formé est « l'intimé ». En matière criminelle, les appels contre les verdicts rendus par une cour d'assises sont examinés par une nouvelle cour d'assises.

Arrêt : désigne les décisions de justice rendues par les cours d'appel, les cours administratives d'appel, les cours d'assises, la Cour de cassation et le Conseil d'État.

Assesseur : juge professionnel ou non professionnel, qui siège dans un tribunal ou une cour, aux côtés d'un magistrat qui préside l'audience. L'assesseur participe à l'audience. Il délibère avec le président sur la décision de justice.

Audience : séance au cours de laquelle une juridiction prend connaissance des prétentions des parties, instruit le procès et entend les personnes qui y participent : le procureur, les parties, les avocats, les témoins, les experts...

Audition : acte, pour un magistrat, un policier, un gendarme, d'entendre une personne impliquée dans une procédure judiciaire : adversaires, témoins, experts.

Avocat : professionnel du droit qui exerce une profession libérale. L'avocat est inscrit à un barreau établi auprès de chaque tribunal de grande instance. Il informe ses clients sur leurs droits et leurs obligations, les démarches et les procédures, les conseille, les assiste et représente leurs intérêts devant la justice. Il fixe lui-même ses honoraires. L'assistance ou la représentation par un avocat est obligatoire ou facultative selon la nature de l'affaire et les juridictions compétentes.

Avocat général : magistrat du parquet qui représente le ministère public devant la Cour de cassation, la cour des comptes, les cours d'appel, les cours d'assises.

Bureau de l'exécution des peines (BEX) : service du greffe destiné à recevoir le condamné à l'issue de l'audience pénale et à établir, avec son consentement, un premier acte d'exécution de sa peine. Il peut également informer les victimes de leurs droits.

Casier judiciaire : relevé des condamnations pénales regroupées au casier judiciaire national du ministère de la Justice à Nantes. Ces informations sont communiquées, sur demande, sous forme d'extraits appelés bulletins :

- le bulletin n° 1 contient l'ensemble des condamnations (remis seulement à l'autorité judiciaire ;
- le bulletin n° 2, la plupart des condamnations (remis à certaines autorités administratives ;
- le bulletin n° 3, les condamnations les plus graves pour crime et délit (remis à l'intéressé lui-même à sa demande).

Cause : au sens large, désigne une affaire dont est saisi un juge.

Centre de détention : prison (établissement pénitentiaire) accueillant les personnes majeures condamnées présentant les perspectives de réinsertion les meilleures. Le régime de détention est orienté principalement vers la resocialisation des détenus.

Centre pénitentiaire : établissement pénitentiaire qui comprend au moins deux quartiers de régime de détention différents : maison d'arrêt, centre de détention et/ou maison centrale.

Chambre de l'instruction : formation de la cour d'appel qui examine les recours en appel contre les décisions rendues par un juge d'instruction et contrôle leur régularité. Exemple : ordonnance de mise en examen, placement sous contrôle judiciaire.

Chambre du conseil : audience civile tenue hors de la présence du public. Le président d'une juridiction peut ordonner que l'audience ait lieu en chambre du conseil pour éviter des désordres susceptibles de troubler la sérénité de la justice ou pour éviter la révélation de secrets d'État ou pour préserver la vie intime des personnes. Cependant la décision est rendue et prononcée en audience publique.

Circonstances aggravantes : faits prévus par la loi se rattachant à une infraction initiale entraînant une augmentation de la peine encourue. Exemple : un vol sans circonstance aggravante est puni par une peine de trois ans d'emprisonnement et 45 000 € d'amende, un vol avec une circonstance aggravante (avec des violences) est puni par une peine de 5 ans et 75 000 € d'amende.

Citation : acte remis par un huissier de justice ou émanant du greffe de la juridiction qui ordonne à une personne de se présenter, devant une juridiction, comme partie à une instance ou comme témoin.

Citation directe : acte par lequel, le ministère public ou la victime, partie civile, demande à une personne de se présenter directement devant le tribunal correctionnel ou le tribunal de police pour répondre d'un délit ou d'une contravention.

Classement sans suite : en cas d'infraction, le ministère public peut décider de ne pas exercer l'action publique, c'est-à-dire de ne pas déclencher de poursuites pénales contre l'auteur. La décision, qui doit être motivée, peut être prise pour motif juridique ou, selon les éléments de l'enquête : auteur non identifié, absence ou insuffisance de preuve, retrait de plainte… Le ministère public peut revenir sur cette décision jusqu'à l'expiration du délai de prescription de l'action publique.

Code (civil, pénal, de commerce, de procédure civile, de procédure pénale…) : recueil contenant l'ensemble des lois, décrets et règlements dans une matière déterminée.

Commandement : acte généralement signifié par huissier de justice ordonnant à une personne d'exécuter ses obligations. Si ce n'est pas le cas, une mesure d'exécution forcée (saisie de biens, expulsion…) peut être décidée.

Commission d'indemnisation des victimes d'infractions (CIVI) : elle permet à toute victime d'obtenir, dans certaines conditions, une réparation intégrale ou plafonnée de son dommage. Elle est implantée dans chaque tribunal de grande instance et comprend deux magistrats du tribunal de grande instance et un assesseur.

Commission rogatoire : mission donnée par un juge à un autre juge, ou à un officier de police judiciaire, de procéder, en son nom, à des mesures d'instruction : audition, perquisition, saisie...

Comparution immédiate : procédure d'urgence par laquelle l'auteur d'une infraction est traduit, à l'issue de sa garde à vue, devant le tribunal correctionnel, pour y être jugé.

Comparution sur reconnaissance préalable de culpabilité (CRPC) : procédure de jugement simplifiée concernant les auteurs de délits punis d'au maximum cinq ans d'emprisonnement et ayant reconnu les faits reprochés. L'auteur est obligatoirement assisté d'un avocat. Le procureur de la République propose une peine au mis en cause. Cette peine qui ne peut être supérieure à un an d'emprisonnement ou à la moitié du maximum encouru doit être acceptée par le mis en cause puis être homologuée par un juge.

Composition pénale : disposition permettant au procureur de la République, dans certaines conditions, de proposer à une personne qui reconnaît être l'auteur d'une infraction, une mesure alternative à l'emprisonnement, au lieu de la traduire devant le tribunal. Exemple : amende, suspension du permis de conduire, travail non rémunéré...

Conclusions : acte de procédure déposé par un avocat ou un avoué qui fait connaître, à la juridiction, les demandes de son client fondées sur les faits et le droit.

Condamnation : en matière pénale, décision de justice déclarant une personne coupable d'avoir commis une infraction et prononçant une peine. En matière civile, décision de justice qui peut imposer des obligations différentes : ordonner à une personne de verser une somme d'argent (dommages-intérêts), d'accomplir un acte ou de s'abstenir de le faire (couper l'arbre qui occasionne une gêne manifeste pour son voisin).

Condamnation avec sursis : condamnation pénale que le condamné est dispensé d'effectuer, sauf nouvelle condamnation pour une autre infraction dans un délai de cinq ans.

Condamnation définitive : une décision de condamnation devient définitive lorsque toutes les voies de recours sont épuisées. Elle ne peut pas être remise en question, sauf si le procès est révisé.

Condamné : personne déclarée, par une décision définitive, coupable d'avoir commis une infraction, et à laquelle est infligée une sanction. Se dit aussi d'une personne détenue dans un établissement pénitentiaire en vertu d'une condamnation judiciaire définitive.

Confrontation : mesure permettant au juge d'instruction, aux policiers et aux gendarmes, de mettre en présence plusieurs personnes, afin qu'elles s'expliquent sur des faits dont elles donnent des versions différentes.

Confusion des peines : une personne condamnée pour plusieurs crimes ou délits non séparés par un jugement définitif n'exécute que la peine la plus lourde (sauf récidive). La confusion peut être dite « de droit » (lorsque le maximum de la peine encourue a été atteint) ou facultative (la juridiction intervenue la dernière peut la prononcer).

Conseiller d'insertion et de probation : personnel de l'administration pénitentiaire qui intervient en prison et à l'extérieur. Il aide les magistrats à la prise de décision judiciaire et à la mise à exécution des décisions pénales. En prison, il facilite l'accès des personnes incarcérées aux dispositifs sociaux, de soin, de formation ou de travail. Il apporte l'aide utile au maintien des liens familiaux et porte une attention particulière aux problèmes d'indigence, d'illettrisme et de toxicomanie. Il prépare la personne détenue à sa sortie et à sa réinsertion, notamment grâce aux mesures d'aménagement de peine. Au dehors, il veille à la bonne exécution des autres peines (travaux d'intérêt général, libération conditionnelle, placement sous surveillance électronique...).

Constitution de partie civile : acte par lequel une victime d'un crime ou d'un délit informe le tribunal correctionnel ou la cour d'assises et le prévenu ou l'accusé qu'elle demande réparation de son préjudice. La victime se constitue partie civile au moment où elle porte plainte. Elle a le choix de le faire à tout moment jusqu'au jour du procès.

Contradictoire (principe du contradictoire ou de la contradiction): principe d'égalité et de loyauté entre les parties durant une procédure judiciaire. Il permet à chacune des parties de connaître les demandes ou les reproches de son adversaire et les oblige à communiquer tous les éléments et les pièces dont elles disposent, afin de les soumettre à la critique et de préparer leur défense. Le juge doit lui-même observer ce principe et veiller à son respect par les parties. Ce terme désigne aussi les décisions rendues en présence des parties ou de leurs représentants.

Contravention: infraction pénale la moins grave, punie d'amende ou de peines complémentaires (suspension du permis de conduire). Les contraventions sont réparties en cinq classes, en fonction de la gravité des faits à sanctionner et des peines qui leurs sont applicables.

Contrôle d'identité: procédure par laquelle, dans certaines conditions déterminées par la loi, des policiers ou des gendarmes, peuvent inviter toute personne se trouvant sur le territoire national, à justifier par tout moyen de son identité.

Contrôle judiciaire: mesure pénale ordonnée par le juge d'instruction ou le juge des libertés et de la détention, en attente du jugement. La personne condamnée est soumise à certaines obligations (répondre aux convocations du SPIP, interdiction de rencontrer certaines personnes ou de fréquenter certains lieux, obligation de soins...) et peut bénéficier, en fonction de sa situation, d'un accompagnement social. Le contrôle judiciaire peut également être ordonné à l'égard de délinquants de 13 à 18 ans encourant une peine d'emprisonnement. Les modalités de sa mise en œuvre dépendent de l'âge du mineur (13-16 ans ou 16-18 ans) et de la qualification (criminelle ou délictuelle) de l'infraction.

Coupable (culpabilité): désigne la personne jugée par un tribunal ou une cour comme étant effectivement l'auteur d'une infraction.

Cour d'assises: juridiction compétente pour juger les crimes. Elle est composée de trois juges professionnels et de six jurés. En principe, elle siège au chef-lieu du département ou au siège de la cour d'appel s'il y en a une dans le département. Les appels contre les verdicts de condamnation rendus par une cour d'assises sont réexaminés par une nouvelle cour d'assises composée de trois juges professionnels et de neuf jurés.

Cour de cassation: juridiction suprême de l'ordre judiciaire, installée à Paris. Son rôle n'est pas de rejuger une affaire, mais de contrôler que les décisions de justice ont été rendues en conformité avec les règles de droit. Le recours exercé devant cette juridiction est appelé pourvoi en cassation.

Cour d'appel juridiction du second degré: elle réexamine une affaire déjà jugée par un tribunal.

Crime: infraction la plus grave. Elle est passible de réclusion criminelle et parfois d'autres peines (amende, peines complémentaires). Le crime est jugé par la cour d'assises. Les peines de réclusion criminelle peuvent être à perpétuité ou fixées à un temps donné. Pour les personnes morales (sociétés, associations...), le crime peut être sanctionné par une amende.

Curatelle: mesure de protection prononcée par un juge des tutelles à l'égard de certains majeurs, en raison d'une altération de leurs facultés mentales ou physiques. Elle permet d'assister le majeur, à l'occasion d'un acte particulier (vente d'un bien) ou de façon continue. La personne chargée d'exécuter la mesure de protection est appelée le curateur.

Débats: phase du procès dirigée par le président du tribunal, au cour de laquelle il donne la parole aux différentes parties, le demandeur, le défendeur, l'accusé, le prévenu, la partie civile, et/ou à leurs avocats et au ministère public qui exposent leurs arguments ou leurs moyens de défense afin d'éclairer le tribunal dans sa prise de décision.

Débouter: c'est le fait, pour une juridiction, de rejeter une demande en justice portée devant elle. La décision de rejet est un « débouté ».

Déchéance: perte d'un droit à titre de sanction ou en raison du non respect de ses conditions d'exercice. Exemple: perte des droits civiques à la suite d'une condamnation pénale.

Décision de justice: document écrit contenant le résumé de l'affaire, la solution adoptée par la juridiction et les raisons ayant conduit à son adoption. Le jugement est la décision rendue par les tribunaux (tribunaux d'instance, tribunaux de grande instance...), l'arrêt par la Cour de cassation, les cours d'appel, les cours d'assises et le Conseil d'État. L'ordonnance peut l'être par toutes ces juridictions; elle est cependant provisoire.

Défendeur: personne qui se défend lors d'un procès.

Défense: ensemble des moyens utilisés par une personne pour se défendre, lorsqu'un procès est engagé contre elle.

Déférer: porter une affaire ou présenter une personne devant l'autorité judiciaire ou administrative compétente.

Délibéré: discussion des juges, après les débats et hors la présence du public, en vue de rendre leur décision. Lorsque la juridiction n'est composée que d'un juge, il s'agit du temps de réflexion de ce juge précédent le prononcé de sa décision. Pour une cour d'assises, cette discussion est appelée délibération.

Délit: toute infraction au sens large. Au sens juridique, infraction réprimée à titre principal, par une peine correctionnelle telle que l'emprisonnement d'un maximum de dix ans, une amende, un travail d'intérêt général, un stage de citoyenneté ou encore des peines complémentaires.

Demandeur: personne qui présente une demande en justice et prend l'initiative d'un procès civil.

Dépens: frais de justice engagés pour un procès. Ils comprennent les droits de plaidoirie, les frais de procédure dus aux avocats, avoués, huissiers de justice, experts judiciaires... À la fin du procès, le juge statue sur les dépens et détermine qui devra les payer (le demandeur ou le défendeur). Il en est de même pour les honoraires d'avocats, même si ceux-ci ne sont pas compris dans les dépens.

Déposition: témoignage donné devant un tribunal ou une cour, un magistrat, un gendarme ou un policier.

Détention provisoire: mesure ordonnée par le juge des libertés et de la détention à la demande du juge d'instruction. Ce dernier peut demander de placer en prison –avant son jugement- une personne mise en examen pour crime ou délit puni d'au moins trois ans d'emprisonnement. La détention provisoire doit être strictement motivée selon les conditions prévues par la loi.

Dommages-intérêts: somme d'argent demandée par une partie à un juge pour compenser le préjudice qu'elle a subi.

Enquête de police: ensemble des actes accomplis par les services de police ou de gendarmerie (audition, perquisition, interpellation...) sous la direction du procureur de la République ou du juge d'instruction, afin de constater les infractions, d'en rassembler les preuves, et d'en identifier les auteurs pour les mettre à la disposition de la justice. Il existe trois cadres d'enquête définis par la loi qui déterminent l'étendue des pouvoirs des enquêteurs : le flagrant délit, l'enquête préliminaire et l'enquête sur commission rogatoire.

Enquête judiciaire : en matière civile, audition de témoins ou d'experts judiciaires par un juge. Elle est ordonnée par une juridiction pour obtenir des éléments de preuve.

En matière pénale, investigations effectuées par la police judiciaire pour rechercher les auteurs d'une infraction et pour déterminer les conditions dans lesquelles elle a été commise.

Enquête sociale : elle a pour objectif de « recueillir des renseignements sur la situation de la famille et les conditions dans lesquelles vivent et sont élevés les enfants » afin d'aider le juge dans sa prise de décision. Réalisée par un assistant de service social de la protection judiciaire de la jeunesse (PJJ) ou d'un service associatif habilité, elle permet un échange avec le mineur et sa famille avant de proposer des réponses au juge.

Ester en justice : agir en justice en tant que demandeur ou défendeur.

Exécution provisoire : c'est le fait, pour une décision de justice, d'être immédiatement applicable afin de permettre son exécution, sans attendre la fin des délais de recours ou malgré l'exercice d'un recours. C'est la juridiction qui décide ou non d'assortir sa décision de l'exécution provisoire, sauf lorsqu'elle est prévue par la loi dans certaines matières.

Expert judiciaire : professionnel habilité (architecte, médecin, ingénieur, géomètre expert, enquêteur social...) chargé par un juge de donner son avis technique sur des faits afin d'apporter des éclaircissements techniques sur une affaire. L'expert est inscrit sur une liste établie auprès de chaque cour d'appel. Il perçoit des honoraires dont le montant définitif est fixé par le juge (sauf en matière pénale où sa rémunération est réglementée).

Exposé des motifs : partie d'un jugement ou d'un arrêt dans laquelle le juge explique les raisons en fait et en droit de sa décision. Le terme « motivation » est également employé.

Fichier judiciaire automatisé des auteurs d'infractions sexuelles et violentes (FIJAIS) : il recense les personnes majeures ou mineures condamnées pour certaines infractions sexuelles ou violentes. Ces personnes doivent indiquer leur adresse aux autorités à intervalles réguliers.

Fichier national automatisé des empreintes génétiques (FNAEG) : placé sous le contrôle d'un magistrat, ce fichier centralise les empreintes génétiques issues de traces biologiques, ainsi que les empreintes génétiques des personnes condamnées pour certaines infractions (viol, meurtre, trafic de stupéfiants...) en vue de faciliter l'identification et la recherche de leurs auteurs. Il comprend également les profils des personnes suspectées d'avoir commis ces infractions en raison des indices graves ou concordants réunis à leur encontre. Seules les empreintes génétiques des personnes suspectes mais non condamnées peuvent être effacées du fichier sur instruction du procureur de la République ou à leur demande.

Flagrant délit : délit en train de se commettre ou qui vient d'être commis et constaté par la police judiciaire. Lorsque le fait est punissable d'une peine de prison, le parquet peut présenter rapidement le prévenu devant le juge, lors d'une audience dite de comparution immédiate pour qu'il y soit jugé.

Former un pourvoi : engager un recours devant la Cour de cassation ou le Conseil d'État.

Frais de justice : ensemble des frais de procédure engagés lors d'un procès.

Frais irrépétibles : frais du procès qui ne sont pas compris dans les dépens (exemple : honoraires d'avocat) et sont, en principe, à la charge de chacune des parties au procès. Toutefois, la partie condamnée peut également l'être à rembourser tout ou partie, en fonction de l'équité et de sa situation économique, des frais engagés par son adversaire.

Garde à vue : pour les nécessités d'une enquête, un officier de police judiciaire peut retenir, dans les locaux du commissariat ou de la gendarmerie (24 h maximum), une personne qu'il soupçonne d'avoir commis une infraction. Le procureur de la République doit être informé. C'est lui qui peut autoriser la prolongation de la garde à vue pour un nouveau délai de 24 h maximum, soit 48 h en tout. Pour certaines infractions (terrorisme, trafic de stupéfiants), elle peut durer jusqu'à 96 h. La garde à vue est strictement réglementée par la loi ; son exécution est surveillée par les magistrats du parquet. La personne gardée à vue dispose de droits comme le droit de se taire, le droit de faire prévenir sa famille ou de s'entretenir avec un avocat dès la première heure.

Greffe : ensemble des services d'une juridiction composé de fonctionnaires de justice, qui assistent les magistrats dans leur mission..

Grosse : copie d'une décision de justice (ou d'un acte authentique) revêtue de la formule exécutoire, c'est-à-dire de la formule nécessaire pour la faire exécuter.

Homicide : fait de donner la mort à un être humain, de façon intentionnelle (l'acte est appelé meurtre). S'il y a eu préméditation, il s'agit d'un assassinat. Si la mort est donnée de manière involontaire, par maladresse, inattention ou imprudence, il s'agit d'un « homicide involontaire ».

Huis-clos : modalité de déroulement d'une audience pénale ou civile, tenue hors la présence du public. Le président d'une juridiction peut ordonner le huis-clos, pour éviter des désordres de nature à troubler la sérénité de la justice, ou la révélation de secrets d'État, ou pour préserver la vie intime des personnes. Cependant, la décision est toujours rendue et prononcée en audience publique.

Huissier de justice : officier ministériel chargé de procéder aux significations, c'est-à-dire à la remise aux parties des actes de procédure, des décisions de justice et des actes extrajudiciaires. Il est également chargé de l'exécution des décisions de justice. Il peut enfin procéder à des constats susceptibles de servir d'élément de preuve à l'occasion d'un procès.

Identité judiciaire : personnels de la Police ou de la Gendarmerie nationale chargés de la mise en œuvre, au cours des enquêtes, de moyens techniques et scientifiques (prélèvements, prise de clichés photographiques…) en vue de l'identification d'auteurs d'infractions.

Infraction : action ou comportement interdit par la loi et passible de sanctions pénales : amende, peine d'emprisonnement, peines complémentaires… Il existe trois catégories d'infractions, selon leur gravité et les peines encourues : contraventions, délits et crimes.

Instruction préparatoire : phase de la procédure pénale pendant laquelle le juge d'instruction met en œuvre les moyens de réunir tous les éléments nécessaires à la manifestation de la vérité (expertises, perquisitions, auditions, confrontations), afin que le tribunal ou la cour puisse juger en connaissance de cause. Le juge instruit à charge et à décharge, c'est-à-dire qu'il recueille tous les éléments en faveur et à l'encontre du mis en examen.

Interjeter appel : se dit lorsqu'un recours est formé devant la cour d'appel.

Irrecevabilité : impossibilité pour une juridiction d'étudier une demande en justice, au motif qu'elle ne respecte pas les conditions exigées par la loi, qu'elles soient de forme (délai de procédure non respecté) ou de fond (une personne se prétendant victime ne rapporte pas la preuve du dommage allégué).

Irresponsabilité pénale : quand la loi estime que le trouble mental, la contrainte, la légitime défense, l'état de nécessité exonèrent l'auteur d'une infraction de sa responsabilité pénale et excluent, par conséquent, toute condamnation à son encontre.

Juge : magistrat du siège qui a le pouvoir de dire le droit, de trancher un litige. Il peut exercer les fonctions suivantes :

Juge aux affaires familiales (JAF) : juge spécialisé dans le domaine du droit de la famille. Il se prononce sur les divorces et séparations de corps et leurs conséquences. Il fixe le montant des pensions alimentaires et décide de la garde des enfants. Il prend en compte systématiquement l'intérêt de l'enfant.

Juge de l'application des peines (JAP) : il est chargé de contrôler l'exécution des peines d'emprisonnement (permission de sortir, libération conditionnelle, semi-liberté, bracelet électronique) avec pour objectif la réinsertion et la prévention de la récidive. Il se rend fréquemment en prison où il rencontre les détenus. Il surveille également, avec le concours des conseillers d'insertion et de probation, le bon déroulement des peines telles que le sursis avec mise à l'épreuve et le travail d'intérêt général.

Juge des enfants : spécialiste des problèmes de l'enfance, ce juge prend des mesures de protection et d'éducation à l'égard des jeunes jusqu'à 18 ans. Il juge les mineurs en présidant le tribunal pour enfants. Il travaille en collaboration avec les éducateurs, les enquêteurs, les psychologues et l'Éducation Nationale.

Juge de l'exécution : il est saisi des litiges relatifs aux problèmes d'exécution des jugements et autres titres exécutoires.

Juge d'instance : il règle les contentieux de la vie quotidienne, dont l'enjeu est inférieur à 10 000 €. Il est également juge des tutelles, assure à ce titre la protection des majeurs en difficulté ou des mineurs dont les parents ont disparu. Il traite enfin d'actes de délinquance mineure, violences légères, infractions à la circulation routière, dans le cadre du tribunal de police.

Juge d'instruction : il est saisi des affaires pénales les plus complexes (obligatoire pour les crimes et facultatif pour les délits). Il dirige l'enquête et à ce titre donne des instructions aux policiers et aux gendarmes. Il peut mettre une personne en examen et la placer sous contrôle judiciaire, ou demander sa mise en détention provisoire au juge des libertés et de la détention (JLD). Il rassemble les éléments qu'il estime utiles à la manifestation de la vérité, dirige les interrogatoires, confrontations et auditions, et constitue le dossier qui sera soumis, le cas échéant, au tribunal correctionnel ou à la cour d'assises pour y être jugé.

Juge de la mise en état : il instruit les dossiers en matière civile pour que les affaires soient en état d'être jugées. Il convoque les parties, veille à la régularité de la procédure et à la communication des pièces.

Juge des libertés et de la détention (JLD) : désigné par le président du tribunal de grande instance parmi les magistrats les plus expérimentés, il est spécialement compétent pour ordonner, pendant la phase d'instruction d'une affaire pénale, le placement en détention provisoire d'une personne mise en examen ou la prolongation de la détention provisoire. Il examine aussi les demandes de mise en liberté. Il est saisi par une ordonnance motivée du juge d'instruction.

Juge de proximité : juge non professionnel qui peut exercer une autre profession. Il statue sur les litiges de la vie quotidienne d'un montant limité à 4 000€, juge les contraventions les plus légères. Il peut être assesseur dans les tribunaux correctionnels.

Juge des référés : désigne le président d'une juridiction compétente (tribunal de grande instance, tribunal de commerce...), lorsqu'il se prononce rapidement en cas d'urgence. Il rend une décision provisoire mais immédiatement applicable.

Juge des tutelles : magistrat du tribunal d'instance compétent pour statuer sur le régime juridique de protection des mineurs (en particulier après le décès des parents ou de l'un d'eux) et des majeurs vulnérables (tutelle ou curatelle).

Juges non professionnels : citoyens désignés, élus, tirés au sort, selon les cas, qui participent à l'œuvre de Justice aux côtés des magistrats professionnels :

- Jurés de la cour d'assises ;
- Assesseurs du tribunal pour enfants ;
- Juges consulaires du tribunal de commerce ;
- Juges au conseil de prud'hommes ;
- Assesseurs du tribunal paritaire des baux ruraux ;
- Assesseurs du tribunal des affaires de sécurité sociale.

Jugement : décision rendue par une juridiction de premier degré (tribunal d'instance, tribunal de commerce...). Au sens large, désigne toute décision de justice.

Jugement avant dire droit : jugement qui intervient dans le cadre d'une procédure sans statuer sur le fond de l'affaire, par exemple pour ordonner une expertise.

Jugement contradictoire : jugement rendu à l'issue d'une procédure au cours de laquelle les parties étaient présentes et ont fait valoir leurs moyens de défenses.

Jugement par défaut : jugement rendu à la suite d'un procès, durant lequel le défendeur n'a pas comparu ou n'a pas été représenté, et n'a pas eu connaissance de la date d'audience. Il peut être fait opposition à un tel jugement.

Jugement sur le fond : jugement statuant sur l'objet même du procès, c'est-à-dire les questions de fait ou de droit que le juge doit trancher à la demande des parties.

Juré : citoyen français, âgé de plus de 23 ans, inscrit sur les listes électorales et titulaire d'une carte d'électeur, tiré au sort et participant, aux côtés des magistrats professionnels, au jugement des crimes par la cour d'assises.

Juridiction : tribunal ou cour.

Juridictions pénales : les contraventions des quatre premières classes sont jugées par le juge de proximité. Les contraventions de 5e classe le sont par le tribunal de police. Les délits sont jugés par le tribunal correctionnel. Les crimes sont jugés par la cour d'assises.

Pour les mineurs, les contraventions des quatre premières classes sont jugées par le tribunal de police. Les contraventions de 5e classe et les délits sont jugés par le juge des enfants. Les contraventions de 5e classe, délits et crimes commis par les mineurs de moins de 16 ans sont jugés par le tribunal pour enfants. Les crimes commis par les mineurs de plus de 16 ans sont jugés par la cour d'assises des mineurs.

Jurisprudence (faire jurisprudence) : ensemble des décisions de justice. Elles appliquent, interprètent, précisent le sens des textes de droit. Désigne également la solution faisant autorité, donnée par un juge ou une juridiction à un problème de droit.

Jury : formation composée des jurés (neuf ou douze pour un procès en appel) pour participer, aux côtés des magistrats professionnels, au jugement des crimes par la cour d'assises.

Légitime défense : est en état de légitime défense une personne qui riposte à une atteinte immédiate et injustifiée à sa personne, à autrui ou à ses biens, à condition que les moyens de défense soient proportionnels à la gravité de l'atteinte. Dans ce cas, sa responsabilité pénale n'est pas retenue pour les atteintes qu'elle a pu elle-même causer en état de légitime défense.

Libération conditionnelle : mesure d'aménagement de peine, sous contrôle du juge de l'application des peines, pour les condamnés qui manifestent des efforts sérieux de réadaptation sociale. La personne est remise en liberté avant la date normale de sa fin de peine. Prise en charge par un conseiller d'insertion et de probation, elle peut être soumise à certaines obligations pendant un délai d'épreuve (exemple : obligation de soins, dédommagement des victimes, etc.). Passé ce délai, s'il n'y a pas eu d'incident, on considère que la personne a effectué l'intégralité de sa peine.

Liberté surveillée : mesure éducative visant à la rééducation du mineur et à la prise en compte des problèmes familiaux ou sociaux ayant conduit à un acte délictueux. Prononcée avant le jugement dans le cadre de l'instruction, elle est provisoire et vise à renseigner la juridiction de jugement sur l'évolution du mineur depuis sa mise en examen. Prononcée à titre définitif par le juge des enfants, elle peut être assortie d'une autre mesure permettant un travail sur le passage à l'acte et une action auprès du mineur dans son environnement familial et social.

Loi : règle de droit écrite, de portée générale et impersonnelle. Elle s'applique à tous sans exception et nul n'est censé l'ignorer. Elle est délibérée, rédigée, amendée et votée par le Parlement (Assemblée nationale et Sénat) en termes identiques. Elle est promulguée (signée) par le président de la République et publiée au Journal officiel (JO).

Magistrat du ministère public : au tribunal de grande instance, il s'agit du procureur de la République et de ses substituts. À la cour d'appel, ce sont le procureur général, les avocats généraux et les substituts généraux.

Magistrat du siège : désigne, au tribunal de grande instance, le président, les vice-présidents et les juges. Au tribunal d'instance, le juge d'instance. À la cour d'appel, le Premier président, les présidents de chambre et les conseillers. Les magistrats ont pour fonction de rendre la justice, c'est-à-dire de trancher les conflits qui leur sont soumis, à la différence des magistrats du parquet. Leurs décisions sont appelées : ordonnance (pour un juge d'instruction), jugement (pour un tribunal correctionnel) ou arrêt (pour la cour d'appel).

Maison centrale : établissement pénitentiaire pour les condamnés les plus difficiles. Leur régime de détention est essentiellement axé sur la sécurité.

Maison d'arrêt : reçoit les prévenus et les condamnés dont la peine ou le reliquat de peine n'excède pas deux ans.

Mandat : en matière pénale, acte judiciaire par lequel, pour les besoins de l'enquête, le magistrat compétent décide de faire comparaître, de faire arrêter ou de placer une personne en détention. En matière civile, contrat par lequel une personne (le mandant) charge une autre personne (le mandataire) de la représenter pour accomplir en son nom des actes juridiques comme la vente ou la location. La procuration est l'écrit par lequel est donné le mandat.

Mandat de comparution : décision du juge d'instruction mettant en demeure une personne mise en examen de se présenter devant lui. C'est un acte écrit, qui lui est notifié par un huissier de justice ou un agent de la force publique.

Mandat de dépôt : ordre donné par un magistrat au chef ou au directeur d'un établissement pénitentiaire de recevoir, mais aussi, de maintenir en détention, une personne mise en examen.

Mandat d'amener : ordre donné par le juge d'instruction à la police ou à la gendarmerie de conduire immédiatement une personne mise en examen devant lui, même par la force.

Mandat d'arrêt : ordre donné par le juge d'instruction à la police ou à la gendarmerie de rechercher et d'arrêter une personne mise en examen puis de la conduire dans une maison d'arrêt.

Médiation pénale : elle est une mesure alternative aux poursuites pénales. Sur proposition du parquet, elle réunit l'auteur et la victime d'une infraction pénale, en présence d'un tiers médiateur habilité par la justice. Elle consiste à trouver une solution librement négociée et à définir les modalités d'une réparation.

Mesure de sûreté : lorsqu'une personne présente un caractère dangereux, le juge peut décider d'appliquer une sanction pénale de nature préventive, telle que le traitement thérapeutique ou le placement sous surveillance électronique mobile.

Ministère public (parquet) : ensemble des magistrats travaillant dans les cours et tribunaux de l'ordre judiciaire, chargés de représenter les intérêts de la société et de veiller au respect de l'ordre public et à l'application de la loi. Le ministère public est hiérarchisé (procureur général, procureur, procureur-adjoint, vice-procureur et substitut) et subordonné au garde des Sceaux. Il ne bénéficie pas de l'inamovibilité des magistrats du siège (magistrat qui ne peut être déplacé, suspendu ou révoqué sans son avis, sauf pour raison disciplinaire ou en cas de maladie).

Minute : original d'une décision de justice (jugement ou arrêt) conservé au greffe de la juridiction. Désigne aussi l'original d'un acte conservé chez le notaire (acte notarié).

Mise en accusation : décision prise, par le juge d'instruction ou par la chambre de l'instruction, à l'encontre d'une personne mise en examen pour crime, de la renvoyer devant la cour d'assises pour y être jugée.

Mise en examen : décision du juge d'instruction de faire porter ses investigations sur une personne contre laquelle il existe des indices graves ou concordants, qui rendent vraisemblable qu'elle ait pu participer, comme auteur ou comme complice, à la réalisation d'un crime ou d'un délit. La personne mise en examen a le droit à un avocat et peut également demander au juge de procéder à tout acte lui paraissant nécessaire à la manifestation de la vérité :

auditions, confrontations, expertises… Le juge peut prononcer, à l'encontre du mis en examen, une mesure de contrôle judiciaire ou saisir le juge des libertés et de la détention, s'il envisage un placement en détention provisoire.

Non-lieu : décision d'une juridiction d'instruction mettant fin à des poursuites pénales :

- lorsqu'elle estime que l'infraction n'est pas établie ou qu'il n'y a pas de preuves suffisantes contre l'auteur ou le complice de l'infraction ;
- ou lorsque la personne mise en cause est considérée, par exemple, comme pénalement irresponsable lors des faits (voir irresponsabilité pénale) ou qu'elle bénéficie d'un fait justificatif (exemple : légitime défense).

Notification : au sens large, action par laquelle un acte de procédure est porté à la connaissance d'une personne. Elle peut être effectuée par le greffe du tribunal, en principe par lettre recommandée avec demande d'avis de réception ; lorsqu'elle est effectuée par un huissier de justice, elle s'appelle signification.

Nullité : lorsqu'un acte ou un contrat n'est pas conforme à la loi, il est nul ; cela entraîne sa disparition rétroactive. C'est le cas, par exemple, d'un contrat de mariage conclu sans le consentement de l'un des deux époux.

Opposition : voie de recours civile ou pénale qui permet aux personnes ayant fait l'objet d'un jugement par défaut d'être à nouveau jugées.

Ordonnance : décision prise par un juge unique, par exemple le juge d'instruction (ordonnance de mise en liberté, ordonnance de non-lieu), le juge aux affaires familiales (ordonnance de non-conciliation), le juge des référés, le juge de la mise en état. En matière civile, l'ordonnance est une décision provisoire, à la différence du jugement.

Ordonnance pénale : procédure simplifiée pour les contraventions et certains délits, notamment relatifs à la circulation routière. Le tribunal de police ou le tribunal correctionnel décide, par ordonnance pénale, de condamner ou non l'auteur de l'infraction à une amende, ou certaines peines comme la suspension du permis de conduire, sans que celui-ci ne comparaisse devant le tribunal. En cas de condamnation, l'intéressé a trente jours pour s'acquitter du montant de l'amende ou faire opposition à la décision, afin de présenter ses moyens de défense devant le tribunal.

Ordre public : ensemble de règles qui régissent la vie en société et édictées dans l'intérêt général. Une règle est qualifiée d'ordre public, lorsqu'elle est obligatoire et s'impose pour des raisons impératives de protection, de sécurité ou de moralité. Les personnes ne peuvent transgresser ces règles de quelque façon que ce soit et n'ont pas la libre disposition des droits qui en découlent. La violation d'une règle d'ordre public entraîne la nullité d'une convention, quelle qu'elle soit (exemple: un père et une fille ne peuvent se marier).

Parloirs: lieu dans une prison où la personne détenue peut voir sa famille, ses amis... Les parloirs ont lieu généralement sous la surveillance de personnels pénitentiaires, sauf les parloirs avec les avocats afin de respecter la confidentialité de l'entretien. Enfin, des parloirs familiaux sont en cours d'installation dans les maisons centrales: ces salons fermés permettent la visite hors la surveillance du personnel pénitentiaire.

Partie civile: lorsqu'une personne est victime d'une infraction et qu'elle subit un préjudice, elle peut demander réparation contre son auteur. Ce terme désigne également une procédure (la plainte avec constitution de partie civile) permettant à une victime de saisir, soit le juge d'instruction, soit le tribunal compétent, pour obtenir réparation.

Perquisition: mesure d'enquête qui consiste à rechercher des éléments de preuve d'une infraction, au domicile d'une personne ou dans tous lieux où ils peuvent se trouver.

Pièce à conviction: objet placé sous scellé, conservé sous l'autorité judiciaire et nécessaire à la recherche de la vérité dans une affaire pénale.

Plaidoirie: ensemble des prétentions et arguments développés oralement par l'avocat, lors d'une audience, au soutien des intérêts de son client.

Plainte: moyen par lequel une personne qui se dit victime d'une infraction saisit la justice. Les plaintes peuvent être déposées auprès des services de police, de gendarmerie ou adressées au procureur de la République.

Police judiciaire: ensemble des personnels de la police et de la gendarmerie spécialement habilités. La police judiciaire est chargée de poursuivre, de rechercher et d'arrêter les auteurs d'infractions, sous l'autorité du procureur de la République.

Poursuites: ensemble des actes de procédure du ministère public, de la victime d'une infraction ou de certaines administrations (exemple: les

Douanes), pour permettre de traduire devant une juridiction l'auteur d'une infraction pénale.

Pourvoi, recours en cassation: recours formé devant la Cour de cassation contre une décision de justice de la cour d'appel, d'une cour d'assises, ou d'un tribunal qui statue en dernier ressort. La Cour de cassation ne rejuge pas une affaire. Elle vérifie que les juges ont bien appliqué les règles de droit et qu'aucune entorse n'a été commise pendant la procédure. Le pourvoi désigne également le recours fait devant le Conseil d'État contre une décision d'une cour administrative d'appel ou d'un tribunal administratif qui statue en dernier ressort.

Préjudice: dommage subi par une personne dans ses biens, son corps, ses sentiments ou son honneur. Il peut être dit:

- **d'agrément**: dommage qui résulte, généralement à la suite d'un accident corporel, de la privation de certains actes de la vie courante (exercice d'une activité artistique, d'un loisir, d'un sport...);
- **corporel**: atteinte portée à la santé ou à l'intégrité physique ou mentale d'une personne (blessure, infirmité...);
- **matériel**: dommage portant sur les biens (dégâts, dégradations matérielles, perte d'un revenu ou d'un élément du patrimoine);
- **moral**: dommage d'ordre psychologique (souffrance liée à la perte d'un être cher).

Premier président: magistrat du siège assurant, en collaboration avec le procureur général, la direction d'une cour d'appel ou de la Cour de cassation.

Prescription: mode d'acquisition ou de perte d'un droit par l'écoulement d'un délai défini par la loi (exemple: en matière civile, la prescription permet l'acquisition de la propriété d'un immeuble par celui qui en a la possession depuis trente ans). Elle peut également désigner la perte d'un droit lorsque celui-ci n'a pas été exercé pendant un certain temps. En matière pénale, aucune poursuite ne peut être engagée contre l'auteur d'une infraction après dix ans pour un crime, trois ans pour un délit, un an pour une contravention. Pour certaines infractions, ces délais peuvent être allongés, notamment s'agissant d'infractions commises sur des mineurs. Ces délais débutent le jour où l'infraction est commise, sauf exception. Ainsi, en matière d'agressions ou d'atteintes sexuelles sur mineur, le délai (fixé à vingt ans) démarre le jour de la majorité.

Président (du tribunal de grande instance) : magistrat du siège assurant la direction (en collaboration avec le procureur de la République) et la gestion administrative du tribunal et disposant de fonctions juridictionnelles propres en matière de requêtes ou de référés. Désigne également le magistrat qui préside l'audience.

Président de chambre : magistrat assurant la présidence d'une section spécialisée d'un tribunal ou d'une cour.

Présomption : conséquence ou déduction tirée à partir d'un fait connu, pour établir la vraisemblance d'un fait inconnu. La présomption tombe si la preuve contraire est établie. Elle est dite légale lorsqu'elle est établie par la loi et peut être qualifiée d'irréfragable (ou absolue), lorsqu'elle n'est pas susceptible de preuve contraire. Ou de simple, c'est-à-dire susceptible de preuve contraire.

Présomption d'innocence : toute personne suspectée d'avoir commis une infraction, ou poursuivie, est considérée comme innocente des faits qui lui sont reprochés, tant qu'elle n'a pas été déclarée coupable par la juridiction compétente pour la juger.

Preuve : élément ou document qui établit la réalité d'un fait ou d'un acte juridique. En matière pénale, il appartient au procureur de la République de rapporter la preuve d'une infraction ainsi que l'implication de la personne poursuivie. Tous les modes de preuve (écrit, témoignage oral, aveu, examen scientifique...) sont admis devant le juge. Cependant, toutes doivent être recherchées et produites dans le respect des règles de droit. Le juge apprécie, en toute indépendance, la valeur des preuves qui lui sont soumises. En matière civile, la preuve doit être rapportée par écrit pour les actes juridiques (contrat, acte notarié...) d'une valeur de plus de 1 500 €. Dans les autres cas, elle est libre (témoignage, objet).

Prévenu : personne (en liberté ou incarcérée dans un établissement pénitentiaire) poursuivie pour contravention ou délit, et qui n'a pas encore été jugée ou dont la condamnation n'est pas définitive.

Probation : modalité d'exécution d'une sanction pénale, en milieu ouvert, comportant des mesures de surveillance et d'assistance. Les personnels pénitentiaires d'insertion et de probation sont chargés du suivi des personnes auxquelles ces mesures s'appliquent.

Procédure : ensemble de règles prévues par la loi ou par le règlement que doivent respecter les juridictions et les personnes publiques pour le bon déroulement d'un procès et le respect des droits et des libertés des citoyens. Ensemble des formalités qui doivent être suivies par le justiciable pour soumettre une prétention à un juge.

Procès-verbal : retranscription écrite d'un fait, d'une déposition ou d'un interrogatoire.

Procuration : écrit par lequel une personne donne le pouvoir à une autre d'agir à sa place, dans une circonstance déterminée.

Procureur de la République : magistrat, chef du parquet auprès d'un tribunal de grande instance, d'un tribunal de première instance ou d'un tribunal supérieur d'appel. Représentant du ministère public, il est destinataire des plaintes, signalements, dénonciations, déclenche l'action publique, dirige les enquêtes et décide des éventuelles poursuites à engager contre tout auteur d'infraction. Au cours d'un procès, le procureur, ou ses substituts, demande l'application de la loi. Ils interviennent aussi en matière civile, dans certains cas prévus par la loi, par exemple en matière d'état des personnes (tutelle, filiation, adoption…), de protection des mineurs, de liquidation de biens, de contrôle de l'état civil et des officiers publics et ministériels et intervient également devant les juridictions commerciale et prud'homale.

Procureur général : magistrat, chef du parquet auprès de la Cour de cassation ou d'une cour d'appel. Il représente, en personne ou par ses substituts, le ministère public auprès de ces juridictions. Il veille à l'application de la loi et au bon fonctionnement des parquets dans le ressort de sa cour. À ce titre, il coordonne notamment l'action des procureurs de la République placés sous son autorité. Il peut enfin leur demander, par des instructions écrites et versées au dossier, d'engager ou de faire engager les poursuites qu'il juge opportunes.

Protection judiciaire : prononcée par jugement pour une durée maximale de cinq ans –y compris au-delà de la majorité- elle permet d'intervenir sur le contexte de vie du mineur délinquant ou protégé et d'engager un travail de compréhension de sa situation. Deux mesures peuvent être prises au titre de la mise sous protection judiciaire : le placement ou la protection en milieu ouvert. La souplesse de ce dispositif permet donc au juge des enfants d'en adapter la mise en œuvre à l'évolution du mineur.

Qualification : examen d'un fait, d'un acte ou d'une situation juridique, en vue de lui donner l'appellation en droit qui lui convient, avec les conséquences et les effets prévus par la loi.

Rappel à la loi : en cas d'infraction de faible gravité, le parquet peut ordonner un rappel à la loi. Il s'agit de faire prendre conscience, à l'auteur de l'infraction, qu'il a commis un acte illégal, pour éviter qu'il ne récidive.

Récidive : individu déjà condamné qui commet, selon certaines conditions et dans un certain délai, une nouvelle infraction pouvant entraîner le prononcé d'une peine plus lourde que celle normalement prévue.

Réclusion : peine criminelle de droit commun, privative de liberté, d'une durée comprise entre dix ans et la perpétuité.

Référé : procédure d'urgence (sauf en matière pénale) engagée devant le président d'une juridiction, pour que cesse une situation contraire à la loi. Le référé aboutit à la mise en œuvre, à titre provisoire, de toutes les mesures qui ne se heurtent pas à une contestation sérieuse ; de conservation ou de remise en état, pour prévenir un dommage imminent ou faire cesser un trouble manifestement illicite.

Réhabilitation : mesure individuelle effaçant une condamnation pénale. Elle fait cesser toutes les déchéances ou limitations à l'exercice de droits résultant de cette condamnation. Elle est acquise de plein droit à l'expiration des délais fixés par la loi, ou par arrêt de la chambre de l'instruction saisie par le procureur général de la demande formulée par le condamné.

Relaxe : décision d'un tribunal correctionnel ou d'un tribunal de police. Elle déclare un prévenu non coupable.

Renvoi : décision par laquelle un tribunal transfère une affaire à une autre juridiction ou reporte l'examen d'une affaire à une date ultérieure.

Requête : acte de procédure écrit, directement adressé à une juridiction pour faire valoir un droit et qui a pour effet de la saisir. Elle expose les prétentions dirigées contre l'adversaire, les points du litige, les arguments (moyens) et les pièces produites.

Réquisitions: conclusions, écrites ou orales prises dans l'intérêt de la société que le ministère public présente devant les juridictions pénales pour justifier de la culpabilité d'un mis en cause et de la peine demandée.

Réquisitoire: arguments développés par écrit, par lesquels le ministère public demande au juge d'appliquer la loi pénale à un prévenu ou à une personne mise en examen.

Ressort: ce terme désigne le champ ou l'étendue de la compétence d'une juridiction du point de vue géographique et du point de vue de la nature des litiges que la loi lui attribue. Dans un autre sens, le ressort permet de déterminer si un appel peut être exercé contre une décision: une décision rendue en premier ressort peut faire l'objet d'un appel à la différence de la décision en dernier ressort qui ne peut faire l'objet que d'un recours en cassation ou d'une opposition pour un jugement par défaut.

Révision: recours contre une décision de condamnation permettant de juger à nouveau une affaire à la lumière de faits nouveaux ou d'éléments inconnus lors du procès initial et susceptibles d'écarter la culpabilité du condamné.

Rôle: registre civil sur lequel sont inscrites toutes les affaires en cours devant un tribunal. Retrait du rôle: quand l'affaire est provisoirement retirée de ce registre, à la demande des parties, lesquelles envisagent par exemple de régler leur litige par une transaction.

Saisie: en matière civile, procédure d'exécution forcée menée à la demande d'une personne, le créancier, munie d'un titre exécutoire sur les biens de son débiteur. Elle a pour but d'obtenir le paiement d'une dette. Conduite par un huissier de justice, elle permet au créancier, suivant les cas, de se faire attribuer immédiatement des sommes d'argent, dues à son débiteur, correspondant au montant de sa créance (saisie-attribution), de prélever une partie des salaires versés à son débiteur (saisie des rémunérations), de saisir les biens mobiliers et d'être remboursé sur le prix de la vente (saisie-vente). En matière pénale, prise de possession d'un bien susceptible d'être utile à la manifestation de la vérité (saisie grâce à une perquisition ou une fouille).

Saisine: fait de soumettre une demande à une juridiction qui est tenue d'y apporter une réponse, prenant la forme d'une décision. Elle est généralement faite par citation, assignation, requête (ou requête simple devant les juridictions administratives), requête conjointe ou déclaration au greffe.

Scellés: en matière civile, ruban de tissu fixé au moyen de cachets de cire apposés par le greffier en chef du tribunal d'instance sur les portes d'un immeuble, d'une pièce, d'un logement... pour en empêcher l'ouverture. Cette mesure a lieu généralement à la demande d'un héritier. Le bris de scellés (ou rupture illégale des scellés) est pénalement sanctionné. En matière pénale, mesure ordonnée afin de conserver les pièces à conviction à la disposition de la justice. Désigne également le fait d'apposer un cachet de cire sur une pièce à conviction. Les scellés désignent aussi la partie du greffe où sont conservées les pièces à conviction.

Semi-liberté: modalité d'exécution d'une peine. Elle autorise un condamné à exercer, en dehors d'un établissement pénitentiaire, une activité professionnelle, de suivre un enseignement ou de bénéficier d'un traitement médical. À l'issue de ces activités quotidiennes, le condamné rejoint le centre de semi-liberté.

Service médico-psychologique régional (SMPR): service de psychiatrie implanté en milieu pénitentiaire comprenant une unité d'hospitalisation et offrant des soins diversifiés incluant l'hospitalisation volontaire.

Service pénitentiaire d'insertion et de probation (SPIP): structure départementale dépendant de l'administration pénitentiaire. Le SPIP assure le suivi (insertion et probation) des personnes condamnées, incarcérées (milieu fermé) ou non (milieu ouvert) confiées par l'autorité judiciaire. Il s'agit par exemple, du suivi individuel, de la préparation à la sortie, de l'enseignement, du travail, des propositions de soins, d'une contribution aux activités sportives ou encore de lutte contre la toxicomanie.

Signification: acte par lequel une partie porte à la connaissance de son adversaire un acte ou une décision de justice par l'intermédiaire d'un huissier de justice.

Substitut: magistrat du parquet de l'ordre judiciaire auquel le procureur de la République délègue ses compétences (poursuites pénales, classement, mesure alternative aux poursuites pénales, réquisitions à l'audience...)

Suivi socio-judiciaire(SSJ): mesure prononcée par le tribunal correctionnel ou la cour d'assises contre l'auteur d'un crime ou d'un délit à caractère sexuel (agression, viol...). Cette mesure permet un suivi judiciaire, et médical si nécessaire, après l'exécution de la peine de prison. Elle contraint le condamné à se soumettre, sous le contrôle du juge de l'application des peines, à des mesures de surveillance et d'assistance ainsi qu'à certaines obligations, comme l'interdiction de se rendre dans certains lieux, de fréquenter des mineurs, ou d'exercer une activité professionnelle ou sociale en contact avec des mineurs. S'il ne respecte pas les obligations, le condamné est passible d'emprisonnement.

Sursis: en matière pénale, mesure accordée par une juridiction pénale qui dispense une personne condamnée d'exécuter la peine dans sa globalité ou en partie. Il existe principalement deux sortes de sursis: le sursis simple (le condamné est dispensé d'exécuter la peine prononcée) et le sursis avec mise à l'épreuve (devenu sursis probatoire) qui permet à la personne condamnée d'être dispensée de tout ou partie de sa peine d'emprisonnement, à condition de respecter certaines obligations fixées par le magistrat (interdiction de lieux ou de rencontrer certaines personnes...). S'il n'exécute pas ses obligations, il devra exécuter la peine. Toutefois, s'il est condamné à une peine d'emprisonnement pour une nouvelle infraction commise pendant le délai d'épreuve prévu par la loi, le sursis est révoqué et la peine est mise à exécution. En matière civile, un sursis à statuer est prononcé lorsque le déroulement d'un procès doit être suspendu, dans l'attente d'un événement déterminé par le juge.

Surveillant pénitentiaire: il prend en charge les personnes confiées par les autorités judiciaires, en assure la garde et participe à la mission de réinsertion et de prévention de la récidive au côté des SPIP. Au contact quotidien des personnes détenues, le surveillant veille à faire respecter l'ordre et la discipline.

Témoin: personne qui expose à la justice des faits dont elle a connaissance. Le témoin doit se soumettre aux convocations qui lui sont adressées et répondre sans ambiguïté, ni omission volontaire, aux questions posées par le juge. Il indique les faits ou les propos intervenus en sa présence ou dont il a eu connaissance. S'il fait une déposition mensongère, il s'expose à des poursuites pénales pour faux témoignage.

Témoin assisté: ersonne visée par une plainte, mise en cause ou poursuivie par le parquet, contre laquelle il existe de simples indices (insuffisants pour la mise en examen) qui rendent vraisemblable qu'elle a commis un crime ou un délit. Son avocat a accès au dossier de la procédure. Entendu par le juge d'instruction, le témoin assisté peut demander à être confronté avec la ou les personnes qui le mettent en cause. Si le juge estime que ce dernier doit être placé sous contrôle judiciaire ou en détention provisoire, être renvoyé devant le tribunal correctionnel ou la cour d'assises pour y être jugé, il procède alors à sa mise en examen.

Tentative (de crime ou de délit) : crime ou délit interrompu au cours de sa réalisation par un événement indépendant de la volonté de son auteur. La tentative est punissable des mêmes peines que si le crime ou le délit avait été pleinement réalisé.

Travail d'intérêt général (TIG) : peine prononcée à titre principal, ou en complément d'une peine d'emprisonnement assortie du sursis, par le tribunal correctionnel pour les majeurs, ou par le tribunal pour enfants (à l'encontre des mineurs délinquants âgés de 16 à 18 ans) et consistant à effectuer, dans un temps déterminé, un travail non rémunéré, au profit d'une collectivité publique ou d'une association agréée.

Tribunal : juridiction composée d'un ou plusieurs juges, qui a pour mission de trancher les litiges et rendre une décision de justice.

Tribunal administratif : juridiction du premier degré de l'ordre administratif. Elle résout les litiges opposant les personnes privées (particuliers, sociétés privées, associations…) à des collectivités publiques ou opposant des collectivités publiques entre elles.

Tribunal correctionnel : formation du tribunal de grande instance, chargée de juger les délits. Le cas échéant, elle se prononce sur la demande d'indemnisation demandée par la victime (appelée la partie civile).

Tribunal de commerce : juridiction spécialisée du premier degré, composée de juges élus par les commerçants. Elle tranche les conflits entre commerçants ainsi que les litiges relatifs aux actes de commerce et statue en matière de défaillance des entreprises.

Tribunal de grande instance : juridiction du premier degré, chargée de juger les affaires civiles portant sur des sommes supérieures à 10 000 €. Elle est cependant seule compétente pour certaines affaires énumérées par la loi, quel que soit le montant : état civil, divorce, autorité parentale, adoption, succession… Lorsque le tribunal de grande instance statue en matière pénale, il s'appelle le tribunal correctionnel.

Tribunal de police : juridiction du premier degré, statuant à juge unique. Elle juge les contraventions de 5e classe. Le tribunal de police est la formation pénale du tribunal d'instance.

Tribunal de première instance : Juridiction civile et pénale du premier degré des deux collectivités territoriales d'outre-mer de

Saint-Pierre-et-Miquelon et Mayotte correspondant, en métropole, aux tribunaux d'instance et de grande instance.

Tribunal des affaires de sécurité sociale (TASS): juridiction du premier degré, spécialisée dans les litiges relatifs aux organismes de sécurité sociale (maladies, retraites, etc.).

Tribunal d'instance: juridiction du premier degré, à juge unique, chargée de régler les affaires civiles portant sur des sommes entre 4 000€ et 10 000€ ainsi que certaines affaires prévues par la loi, sans considération de montant: les tutelles, le crédit à la consommation, la location d'habitation, les expulsions de «squatters»... Lorsque le tribunal d'instance statue en matière pénale, il prend le nom de tribunal de police.

Tribunal paritaire des baux ruraux: juridiction spécialisée du premier degré. Elle tranche les litiges relatifs à un bail rural pour l'exploitation agricole.

Tribunal pour enfants: juridiction spécialisée du premier degré, jugeant les mineurs mis en cause pour des contraventions de 5e classe, des délits ou des crimes (mineurs de moins de 16 ans). Ce tribunal est composé du juge des enfants (qui le préside), et de deux assesseurs non professionnels. Il siège à publicité restreinte, c'est-à-dire en dehors de la présence du public.

Tutelle: mesure de protection juridique. Elle est prononcée par le juge des tutelles à l'égard d'un mineur et à l'égard d'un majeur lorsque celui-ci, en raison d'une altération de ses facultés, ne peut plus exercer ses droits et a donc besoin d'être représenté dans tous les actes de la vie civile. La personne en charge de cette protection s'appelle le tuteur.

Tuteur: personne désignée pour exercer la tutelle.

Unités de visite familiale (UVF): ces locaux, de la taille d'un petit trois pièces, implantés dans certains établissements pénitentiaires, permettent à des personnes condamnées à de longues peines, ne bénéficiant pas de permission de sortir, de recevoir plusieurs membres de leur famille pour une durée pouvant aller jusqu'à 72 heures. Tous les nouveaux établissements pour peine en seront dotés.

Verdict: déclaration solennelle par laquelle magistrats et jurés de la cour d'assises répondent, après le délibéré, aux questions du président sur la culpabilité ou non d'une personne. Elle fixe, le cas échéant, la peine.

Victime : personne qui subit personnellement et directement un préjudice physique, moral ou matériel.

Voies de recours : moyens mis à la disposition des parties, permettant un nouvel examen d'une décision de justice.

REMERCIEMENTS

Pour la relecture attentive, les précieux conseils, un immense merci à Laetitia Sardet, Henry Girard et Julie Desbois.

Ce livre n'aurait pas pu voir le jour sans le travail des équipes de La Geste éditions. Qu'ils soient tous remerciés.

Table des matières

CRÉDITS PHOTOS

Photos d'illustrations intérieures : Xavier Benoit.
Photo quatrième de couverture : Julie Desbois.

LA
GESTE

www.gesteditions.com

Par ce logo, nous témoignons d'une volonté de réduire les impacts environnementaux liés aux activités de l'imprimerie. Nous choisissons un imprimeur impliqué dans la réduction des gaz à effet de serre. Le choix de nos papiers assure que la production a été faite à partir d'un produit à base de bois et a suivi le cahier des charges d'une gestion durable des forêts européennes. Achevé d'imprimer chez CPI Firmin Didot (171010) en France en septembre 2022.

Mise en page : Sarah Ponzo

Dépôt légal : second semestre 2022

11, rue Norman-Borlaug
79260 La Crèche
05 49 05 37 22
contact@gesteditions.com